EHL-İ SÜNNET VE'L-CEMAAT AKİDESİ

Yazan

Muhammed b. Salih el-Useymîn

İÇİNDEKİLER

TAKDİM

Hamd, Allah'a mahsustur. Salât ve selâm da O'ndan sonra nebi gelmeyecek olan Muhammed -sallallahu aleyhi ve sellem-'in, O'nun âilesinin ve ashâbının üzerine olsun.

Değerli âlim Muhammed b. Sâlih el-Useymîn kardeşimizin özet olarak derlediği, bu kıymetli akideden haberdar oldum ve bu eseri dinledim. Eseri, Allah Teâlâ'nın birliğine, O'nun isim ve sıfatlarına, meleklerine, kitaplarına, elçilerine, âhiret gününe, kaderin hayır ve şerrine îmân konularını içeren ehl-i sünnet vel-cemaat itikadını kapsar şekilde buldum.

Şüphesiz yazar, ehl-i sünnet vel-cemaat itikadını derleme konusunda en güzelini yapmış ve eserde Allah'a, meleklerine, kitaplarına, elçilerine, âhiret gününe, kaderin hayır ve şerrine îmân konularında ilim talebesinin, erkek ve kadın her müslümanın ihtiyaç duyduğu şeyleri zikretmiştir. Buna ilâve olarak itikad konusunda yazılan birçok kitapta bulunmayan pek çok faydaları bu kitapta zikretmiştir.

Allah Teâlâ, ona mükâfatını versin ve onun ilim ve hidâyetini artırsın. Bu ve başka konularda yazmış olduğu kitaplarını müslümanlara faydalı kılsın. Bizleri, onu ve diğer müslüman kardeşlerimizi hidâyete eren ve gerekli bir bilgiye sahip olup Allah Teâlâ'nın dînine dâvet edenlerden eylesin.

Şüphesiz Allah, hakkıyla işiten ve (kullarının dâvetine icâbet etmek için onlara) yakın olandır.

Allah Teâlâ, Nebimiz Muhammed -sallallahu aleyhi ve sellem-'e, O'nun âilesine ve ashâbına salât ve selâm eylesin.

Allah Teâlâ'nın affına muhtaç

Abdulazîz b. Abdullah b. Bâz -Rahimehullah-

ÖNSÖZ

Hamd, âlemlerin Rabbi Allah'a mahsustur.Güzel sonuç (cennet), Allah'tan gereği gibi korkan muttakîler içindir.Düşmanlık ancak zâlimleredir. Şehâdet ederim ki, Allah'tan başka hak ilâh yoktur. O birdir ve hiçbir ortağı yoktur. Yine şehâdet ederim ki, Muhammed -sallallahu aleyhi ve sellem- Allah'ın kulu ve elçisi,nebilerin sonuncusu ve muttakîlerin önderidir.

Allah'ın salât ve selâmı, O'nun, ailesinin, ashâbının ve kıyâmete kadar onların yoluna en güzel şekilde tâbi olanların üzerine olsun.

Şüphesiz Allah Teâlâ, elçisi Muhammed -sallallahu aleyhi ve sellem-'i âlemlere rahmet, mü'minlere güzel bir örnek ve bütün kullara da huccet olması için hidâyet ve hak dîn ile göndermiştir.

Allah Teâlâ, kullarının yararına olan her şeyi, onların dînî ve dünyevî hallerini düzeltmek, onların doğru inanca, sağlam amellere, güzel ahlâka ve yüce bir terbiyeye sahip olmaları için Muhammed-sallallahu aleyhi ve sellem-'e indirdiği Kur'an-ı Kerim ve hikmetle açıklamıştır.

Muhammed-sallallahu aleyhi ve sellem-; ümmetini, gecesi gündüz gibi apaçık bir yol olan İslâm dîni üzere bırakmıştır. O yoldan uzaklaşan helâk olur.

Allah Teâlâ ve O'nun elçisinin çağrısına uyan insanların en seçkinleri olan sahâbe, tâbiîn ve onlara en güzel şekilde tâbi olan ümmeti bu hak yolda yürümüş; itikad, ibâdet, ahlâk ve terbiye yönünden O'nun şeriatını tatbik ederek sünnetine sımsıkı sarılmışlardır. Böylelikle (Rasûlullah -sallallahu aleyhi ve sellem-'in haber verdiği) hak üzerinde olmaya devam eden tâife onlar olmuşlardır ki, onlara karşı düşmanlık besleyen veya aykırı davrananlar onlara hiçbir zarar verememişlerdir ve onlar, Allah Teâlâ'nın emri gelinceye (yani kıyâmet kopuncaya) dek bu hak yol üzere olmaya devam edeceklerdir.

Biz, Allah'a hamd olsun onların yolunda yürüyen, onlar gibi Kur'an ve sünnetle hidâyete eren, bunu Allah'ın üzerimizdeki bir nimeti olarak gören ve her mü'minin böyle olması gerektiğine inananlarız.

Biz ve müslüman kardeşlerimizi dünya ve âhirette Lâ ilâhe illallah sözü ile sâbit kılmasını ve bize rahmet ihsan etmesini Allah Teâlâ'dan dileriz. Şüphesiz O, karşılıksız ve çok verendir.

Bu konunun önemi ve kulların bu konuda birçok görüş ayrılığına düşmeleri sebebiyle Allah'a, meleklerine, kitaplarına, elçilerine, âhiret gününe, kaderin hayır ve şerrine inanmak olan ehl-i sünnet vel-cemaat itikadımızı özet olarak kaleme almayı uygun gördüm.

Allah Teâlâ'dan, bu çalışmamı kerîm vechine ve O'nun rızâsına uygun, kullarına da faydalı kılmasını dilerim.

Muhammed b. Sâlih el-Useymîn

Bizim İnancımız

Allah Teâlâ'ya, meleklerine, kitaplarına, elçilerine, âhiret gününe, kaderin hayır ve şerrine inanmaktır.

Biz,

Allah Teâlâ'nın rubûbiyyetine yani O'nun yegâne Rab ve yaratıcı, kâinattaki her şeyin sahibi ve her şeyi çekip çeviren olduğuna inanırız.

Biz,

Allah Teâlâ'nın ulûhiyyetine yani O'nun hak ilâh olduğuna ve O'nun dışında ibâdet edilen bütün ilâhların bâtıl olduğuna inanırız.

Biz,

Allah Teâlâ'nın isim ve sıfatlarına iman ederiz. O'nun isimlerinin (hepsinin) güzel olduğuna ve sıfatlarının da yüce ve kemâl sıfatlar olduğuna inanırız.

Biz,

Allah Teâlâ'nın bu konudaki vahdâniyyetine yani rubûbiyyet, ulûhiyyet, isim ve sıfatlarında hiçbir ortağının bulunmadığına inanırız.

Nitekim Allah Teâlâ şöyle buyurmuştur:

$$ ﴿ رَبُّ السَّمَوَاتِ وَالْأَرْضِ وَمَا بَيْنَهُمَا فَاعْبُدْهُ وَاصْطَبِرْ لِعِبَادَتِهِ هَلْ تَعْلَمُ لَهُ سَمِيًّا ۞ ﴾ [سورة مريم الآية: ٦٥] $$

"(Allah) göklerin, yerin ve her ikisi arasında bulunanların Rabbidir. O halde (Ey Nebi!) O'na ibâdet etmekte sabırlı ol. Hem O'nun bir benzeri olduğunu biliyor musun?."[1]

---

[1] Meryem Sûresi:65

Biz,

Allah Teâlâ'nın,kendisini şu âyette vasıflandırdığı gibi olduğuna inanırız:

﴿ اللَّهُ لَا إِلَٰهَ إِلَّا هُوَ الْحَيُّ الْقَيُّومُ لَا تَأْخُذُهُ سِنَةٌ وَلَا نَوْمٌ لَّهُ مَا فِي السَّمَاوَاتِ وَمَا فِي الْأَرْضِ مَن ذَا الَّذِي يَشْفَعُ عِندَهُ إِلَّا بِإِذْنِهِ يَعْلَمُ مَا بَيْنَ أَيْدِيهِمْ وَمَا خَلْفَهُمْ وَلَا يُحِيطُونَ بِشَيْءٍ مِّنْ عِلْمِهِ إِلَّا بِمَا شَاءَ وَسِعَ كُرْسِيُّهُ السَّمَاوَاتِ وَالْأَرْضَ وَلَا يَئُودُهُ حِفْظُهُمَا وَهُوَ الْعَلِيُّ الْعَظِيمُ ۝ ﴾ [سورة البقرة الآية: ٢٥٥]

"Allah, O'dur ki kendisinden başka hak ilâh yoktur. O, Hayy'dır, Kayyûm'dur. Kendisine ne bir uyuklama, ne de bir uyku gelir. Gökte ve yerde ne varsa hepsi O'nundur. İzni olmadan hiç kimse O'nun yanında başkasına şefâat edemez.O'nun ilmi, (kâinâtta olmuş, şimdi olan ve gelecekte olacak olan) her şeyi kuşatmıştır. O, kullarının (gelecekte yapacaklarıyla geçmişte yaptıklarının) hepsini bilir. O bildirmedikten sonra kullarından hiç kimse, O'nun ilmine erişemez. O'nun kürsüsü, gökleri ve yeri içine alır. Gökleri ve yeri korumak O'na zor gelmez. O, (zâtı ve sıfatları ile bütün yarattıklarından) çok yücedir, çok büyüktür."[1]

Biz,

Allah Teâlâ'nın kendisini şu âyette vasıflandırdığı gibi olduğuna inanırız:

﴿ هُوَ اللَّهُ الَّذِي لَا إِلَٰهَ إِلَّا هُوَ عَالِمُ الْغَيْبِ وَالشَّهَادَةِ هُوَ الرَّحْمَٰنُ الرَّحِيمُ ۝ هُوَ اللَّهُ الَّذِي لَا إِلَٰهَ إِلَّا هُوَ الْمَلِكُ الْقُدُّوسُ السَّلَامُ الْمُؤْمِنُ الْمُهَيْمِنُ الْعَزِيزُ الْجَبَّارُ الْمُتَكَبِّرُ سُبْحَانَ اللَّهِ عَمَّا يُشْرِكُونَ ۝ هُوَ اللَّهُ الْخَالِقُ الْبَارِئُ الْمُصَوِّرُ لَهُ الْأَسْمَاءُ الْحُسْنَىٰ يُسَبِّحُ لَهُ مَا فِي السَّمَاوَاتِ وَالْأَرْضِ وَهُوَ الْعَزِيزُ الْحَكِيمُ ۝ ﴾

[سورة الحشر الآيات:٢٢-٢٤]

"Allah, O'ndan başka hak ilâh olmayan, gizli ve açık olanı bilen, Rahman (rahmetiyle her şeyi kuşatan) ve Rahîm'dir (mü'minlere çok merhametlidir). Allah, O'ndan başka hak ilâh olmayan, mülkün sahibi, tüm noksanlıklar-dan münezzeh, selâmet veren, (açık âyetlerle gönderdiği nebilerini) tasdik eden, (kullarının yaptıklarını) gözetleyen, Azîz (mağlûp edilemeyen), Cebbâr (gücüyle bütün kullarını kahredip onları kendisine boyun eğdiren) ve Mütekebbir (azamet sahibi)'dir. Allah, (ibâdette kendisine ortak koşulan şeylerden) münezzehtir. Allah, yaratandır, (hikmeti gereği) var eden ve (yarattıklarına dilediği gibi) şekil verendir. Güzel isimler (ve yüce sıfatlar) O'nundur.Göklerde ve yerde ne varsa, hepsi O'nu tesbîh eder.O, (düşmanlarından şiddetli bir şekilde intikam alacak kadar) güçlü ve (yarattıklarının işlerini idâre edecek kadar) Hakîm'dir."[1]

Biz,

Göklerde ve yerde ne varsa, hepsinin Allah Teâlâ'nın mülkü olduğuna inanırız.

Nitekim Allah Teâlâ bu konuda şöyle buyurmuştur:

﴿ لِلَّهِ مُلْكُ ٱلسَّمَٰوَٰتِ وَٱلْأَرْضِ يَخْلُقُ مَا يَشَآءُ يَهَبُ لِمَن يَشَآءُ إِنَٰثًا وَيَهَبُ لِمَن يَشَآءُ ٱلذُّكُورَ ۝ أَوْ يُزَوِّجُهُمْ ذُكْرَانًا وَإِنَٰثًا وَيَجْعَلُ مَن يَشَآءُ عَقِيمًا إِنَّهُۥ عَلِيمٌ قَدِيرٌ ۝ ﴾

[سورة الشورى الآيتان: ٤٩-٥٠]

"Göklerin ve yerin mülkü, Allah'ındır. O dilediğini yaratır. (Kullarından) dilediğine sadece kız, dilediğine de sadece erkek çocukları bahşeder. Dilediğine kız ve erkek çocuklarını birlikte bahşeder, dilediğini de kısır bırakır. Şüphesiz ki O, (niçin yarattığını) en iyi bilen ve (dilediğini yaratmaya) gücü yetendir."[2]

---

[1] Haşr Sûresi:22-24

[2] Şûrâ Sûresi:49-50

Biz,

Allah Teâlâ'nın kendisini şu âyette vasıflandırdığı gibi olduğuna inanırız:

﴿ ... لَيْسَ كَمِثْلِهِ شَيْءٌ وَهُوَ السَّمِيعُ الْبَصِيرُ ۝ لَهُ مَقَالِيدُ السَّمَوَاتِ وَالْأَرْضِ يَبْسُطُ الرِّزْقَ لِمَنْ يَشَاءُ وَيَقْدِرُ إِنَّهُ بِكُلِّ شَيْءٍ عَلِيمٌ ۝ ﴾

[سورة الشورى الآيتان: ١١- ١٢]

"O'nun benzeri hiçbir şey yoktur. O, hakkıyla işiten ve görendir. Göklerin ve yerin mülkü O'nun elindedir. O, dilediğine rızkı bol verir, dilediğinden de kısar. Şüphesiz O, her şeyi hakkıyla bilendir."[1]

Biz,

Allah Teâlâ'nın kendisini şu âyette vasıflandırdığı gibi olduğuna inanırız:

﴿ ۞ وَمَا مِنْ دَابَّةٍ فِي الْأَرْضِ إِلَّا عَلَى اللَّهِ رِزْقُهَا وَيَعْلَمُ مُسْتَقَرَّهَا وَمُسْتَوْدَعَهَا كُلٌّ فِي كِتَابٍ مُبِينٍ ۝ ﴾ [سورة هود الآية: ٦]

"Allah, yeryüzünde yürüyen her canlının rızkını vermeyi üstlenmiştir. Allah, (o canlının hayatında) duracağı ve sonunda öleceği yeri bilir. Bütün bunlar, apaçık bir kitapta (Levh-i Mahfûz'da) yazılıdır."[2]

Biz,

Allah Teâlâ'nın kendisini şu âyette vasıflandırdığı gibi olduğuna inanırız:

﴿ ۞ وَعِنْدَهُ مَفَاتِحُ الْغَيْبِ لَا يَعْلَمُهَا إِلَّا هُوَ وَيَعْلَمُ مَا فِي الْبَرِّ وَالْبَحْرِ وَمَا تَسْقُطُ مِنْ وَرَقَةٍ إِلَّا يَعْلَمُهَا وَلَا حَبَّةٍ فِي ظُلُمَاتِ الْأَرْضِ وَلَا رَطْبٍ وَلَا يَابِسٍ إِلَّا فِي كِتَابٍ مُبِينٍ ۝ ﴾ [سورة الأنعام الآية: ٥٩]

---

[1] Şûrâ Sûresi: 11-12

[2] Hûd Sûresi: 6

"Gaybın anahtarları (hazîneleri) Allah'ın yanındadır. O'ndan başka hiç kimse onları bilemez. O, karada ve denizde ne varsa, hepsini bilir. O'nun ilmi olmadan (ağaçtan) bir yaprak bile düşmez. Yerin karanlıklarında gizlenen taneyi, yaş ve kuru ne varsa, hepsi apaçık bir kitapta (Levh-i Mahfûz'da) yazılıdır."[1]

Biz,

Allah Teâlâ'nın kendisini şu âyette vasıflandırdığı gibi olduğuna inanırız:

$$ ﴿ إِنَّ ٱللَّهَ عِندَهُۥ عِلْمُ ٱلسَّاعَةِ وَيُنَزِّلُ ٱلْغَيْثَ وَيَعْلَمُ مَا فِى ٱلْأَرْحَامِ وَمَا تَدْرِى نَفْسٌ مَّاذَا تَكْسِبُ غَدًا وَمَا تَدْرِى نَفْسٌ بِأَيِّ أَرْضٍ تَمُوتُ إِنَّ ٱللَّهَ عَلِيمٌ خَبِيرٌ ﴾ $$

[سورة لقمان الآية: ٣٤]

"Kıyâmet vakti hakkındaki bilgi, ancak Allah'ın katındadır. Yağmuru O yağdırır, rahîmlerde olanı yalnızca O bilir. Hiç kimse yarın ne kazanacağını bilemez. Yine hiç kimse, nerede öleceğini bilemez. Şüphesiz Allah (her şeyi) hakkıyla bilendir, (her şeyden hakkıyla) haberdârdır."[2]

Biz,

Allah Teâlâ'nın, dilediği şeyle, dilediği zaman ve dilediği şekilde konuştuğuna inanırız.

Nitekim Allah Teâlâ aşağıdaki âyetlerde bu konuda şöyle buyurmuştur:

$$ ﴿ ...وَكَلَّمَ ٱللَّهُ مُوسَىٰ تَكْلِيمًا ﴾ [سورة النساء من الآية: ١٦٤] $$

"Allah, Musâ ile gerçekten (vâsıtasız) konuştu."[3]

$$ ﴿ وَلَمَّا جَآءَ مُوسَىٰ لِمِيقَٰتِنَا وَكَلَّمَهُۥ رَبُّهُۥ ... ﴾ [سورة الأعراف من الآية: ١٤٣] $$

"Musâ, tâyin ettiğimiz vakitte gelince, Rabbi onunla konuştu."[4]

---

[1] En'am Sûresi: 59

[2] Lokman Sûresi: 34

[3] Nisâ Sûresi: 164

[4] A'râf Sûresi: 143

﴿ وَنَادَيْنَاهُ مِن جَانِبِ ٱلطُّورِ ٱلْأَيْمَنِ وَقَرَّبْنَاهُ نَجِيًّا ۝ ﴾ [سورة مريم الآية: ٥٢]

"Tûr dağının sağ tarafından ona (Musâ'ya) seslendik ve onu kendimize yaklaştırarak şereflendirdik."[1]

Biz,

Allah Teâlâ'nın kendisini şu âyetlerde vasıflandırdığı gibi olduğuna inanırız:

﴿ قُل لَّوْ كَانَ ٱلْبَحْرُ مِدَادًا لِّكَلِمَاتِ رَبِّي لَنَفِدَ ٱلْبَحْرُ قَبْلَ أَن تَنفَدَ كَلِمَاتُ رَبِّي وَلَوْ جِئْنَا بِمِثْلِهِۦ مَدَدًا ۝ ﴾ [ورة الكهف الآية: ١٠٩]

"(Ey Nebi!) De ki: Deniz, Rabbimin sözlerini yazmak için (kalemlere) mürekkep olsa ve bir o kadar da (deniz) getirsek, yine de Rabbimin sözleri bitmeden önce deniz biterdi."[2]

﴿ وَلَوْ أَنَّمَا فِي ٱلْأَرْضِ مِن شَجَرَةٍ أَقْلَامٌ وَٱلْبَحْرُ يَمُدُّهُۥ مِن بَعْدِهِۦ سَبْعَةُ أَبْحُرٍ مَّا نَفِدَتْ كَلِمَاتُ ٱللَّهِ إِنَّ ٱللَّهَ عَزِيزٌ حَكِيمٌ ۝ ﴾ [سورة لقمان الآية: ٢٧]

"Yeryüzündeki ağaçların hepsi kalem, deniz de arkasından yedi deniz ilâve edilerek (mürekkep olsa) yine de Allah'ın sözlerini yazmakla bitiremez. Şüphesiz Allah, (kendisine ortak koşanlardan intikam alacak kadar) azîzdir, (kullarının işlerini tek başına yönetecek kadar) hakîm'dir."[3]

Biz,

Allah Teâlâ'nın sözlerinin, haber verdiği konulardaki doğruluk, hükümlerdeki adâlet ve sözdeki güzellik bakımından sözlerin en mükemmeli olduğuna inanırız.

Nitekim Allah Teâlâ aşağıdaki âyetlerde şöyle buyurmuştur:

---

[1] Meryem Sûresi: 52
[2] Kehf Sûresi: 109
[3] Lokman Sûresi: 27

﴿ وَتَمَّتْ كَلِمَتُ رَبِّكَ صِدْقًا وَعَدْلاً ... ﴾ [سورة الأنعام من الآية:١١٥]

"Rabbinin sözü (Kur'an), (haber verdiği konulardaki) doğruluk ve (verdiği hükümlerdeki) adâlet bakımından tamamlanmıştır."[1]

﴿ ... وَمَنْ أَصْدَقُ مِنَ اللَّهِ حَدِيثًا ۝ ﴾ [سورة النساء من الآية: ٨٧]

"(Haber verdiği konulardaki doğruluk bakımından) Allah'tan daha doğru sözlü kim olabilir?"[2]

Biz,

Kur'ân-ı Kerîm'in Allah'ın kelâmı olduğuna, O'nunla gerçekten konuştuğuna ve Cebrâîl'e öğrettiğine, Cebrâîl'in de onu Muhammed -sallallahu aleyhi ve sellem-'in kalbine indirdiğine (vahyettiğine) inanırız.

Nitekim Allah Teâlâ bu konuda şöyle buyurmuştur:

﴿ قُلْ نَزَّلَهُ رُوحُ الْقُدُسِ مِن رَّبِّكَ بِالْحَقِّ ... ﴾ [سورة النحل من الآية:١٠٢]

"(Ey Nebi!) De ki: O'nu (Kur'ân'ı), Rabbinden hak olarak Rûhul-Kudüs (Cebrâîl) indirdi."[3]

﴿ وَإِنَّهُ لَتَنزِيلُ رَبِّ الْعَالَمِينَ ۝ نَزَلَ بِهِ الرُّوحُ الْأَمِينُ ۝ عَلَى قَلْبِكَ لِتَكُونَ مِنَ الْمُنذِرِينَ ۝ بِلِسَانٍ عَرَبِيٍّ مُّبِينٍ ۝ ﴾ [سورة الشعراء:١٩٢-١٩٥]

"Şüphesiz O (Kur'ân), Âlemlerin Rabbinin indirmesidir. (Ey Nebi!) uyarıcılardan olman için, O'nu apaçık bir Arap lisânıyla senin kalbine Rûhul-Emîn (Cebrâîl) indirmiştir."[4]

---

[1] En'am Sûresi:115
[2] Nisâ Sûresi:87
[3] Nahl Sûresi:102
[4] Şuarâ Sûresi:192-195

Biz,

Allah Teâlâ'nın, zâtı ve sıfatlarıyla yarattıklarının üzerinde olduğuna inanırız.

Nitekim Allah Teâlâ bu konuda şöyle buyurmuştur:

$$ \text{﴿ ... وَهُوَ ٱلْعَلِيُّ ٱلْعَظِيمُ ۝ ﴾ [سورة البقرة من الآية ٢٥٥:] } $$

"O, (zâtı ve sıfatları ile bütün yarattıklarından) **yüce ve büyüktür.**"[1]

$$ \text{﴿ وَهُوَ ٱلْقَاهِرُ فَوْقَ عِبَادِهِۦ وَهُوَ ٱلْحَكِيمُ ٱلْخَبِيرُ ۝ ﴾ [سورة الأنعام الآية ١٨:] } $$

"O (Allah), **kullarının üzerinde kahredicidir.** O, (hikmeti gereği her şeyi yerli yerine koyan) **hakîmdir,** (her şeyden) **haberdârdır.**"[2]

Biz,

Allah Teâlâ'nın kendisini şu âyette vasıflandırdığı gibi olduğuna inanırız.

$$ \text{﴿ إِنَّ رَبَّكُمُ ٱللَّهُ ٱلَّذِى خَلَقَ ٱلسَّمَٰوَٰتِ وَٱلْأَرْضَ فِى سِتَّةِ أَيَّامٍ ثُمَّ ٱسْتَوَىٰ عَلَى ٱلْعَرْشِ يُدَبِّرُ ٱلْأَمْرَ ... ﴾ [سورة يونس من الآية ٣:] } $$

"**Şüphesiz Rabbiniz, gökleri ve yeri altı günde yaratan, sonra da** (celâl ve azametine yaraşır bir şekilde) **arşa istivâ eden ve** (kullarının) **işlerini yerli yerine koyarak onları idâre eden Allah'tır.**"[3]

Allah Teâlâ'nın arşa istivâ etmesi; O'nun celâl ve azametine yaraşır bir şekilde, zâtına has olarak arşın üzerine yükselmesidir ki bunun keyfiyetini Allah'tan başka hiç kimse bilemez.

---

[1] Bakara Sûresi:255

[2] En'âm Sûresi:18

[3] Yûnus Sûresi:3

Biz,

Allah Teâlâ'nın, arşının üzerinde olmasına rağmen ilmiyle kullarıyla beraber olduğuna, hâllerini bildiğine, konuşmalarını işittiğine, yaptıklarını gördüğüne, işlerini idâre ettiğine, fakire rızık verdiğine, zor durumda kalanın ihtiyacını giderdiğine, mülkü dilediğine verdiğine, dilediğinden de çekip aldığına, dilediğini azîz, dilediğini de zelîl kıldığına, her türlü hayrın O'nun elinde olduğuna ve O'nun her şeye gücünün yettiğine inanırız. Bu vasıflara sahip Allah Teâlâ, kullarının üstünde arşının üzerine istivâ etmiş olsa bile gerçekte O, ilmiyle onlarla beraberdir.

﴿ ... لَيْسَ كَمِثْلِهِ شَيْءٌ وَهُوَ السَّمِيعُ الْبَصِيرُ ۝ ﴾[سورة الشورى من الآية: ١١]

"O'nun benzeri hiçbir şey yoktur. O, hakkıyla işiten ve görendir."[1]

Biz,

Cehmiyye'nin bir kolu olan Hulûliyye ve başkalarının; "Allah, yeryüzünde kullarıyla beraberdir" dedikleri gibi, Allah Teâlâ'nın yeryüzünde kullarıyla beraber olduğunu söylemeyiz.

Allah Teâlâ'yı, O'na yaraşmayan noksan sıfatlarla nitelendirdiğinden dolayı, böyle diyenin kâfir veya sapıklıkta olduğuna hükmederiz.

Biz,

Rasûlullah -sallallahu aleyhi ve sellem-'in:

"Rabbimiz, gecenin son üçte birlik bölümü kaldığında, her gece dünya semâsına iner ve şöyle seslenir:

-Bana duâ eden yok mu, onun duâsına icâbet edeyim. Benden isteyen yok mu, ona istediğini vereyim. Benden bağışlanmak dileyen yok mu, onu bağışlayayım."

Buyurduğu gibi, Allah Teâlâ hakkında haber verdiği her şeye inanırız.

---

[1] Şûrâ Sûresi: 11

Biz,

Allah Teâlâ'nın kıyâmet günü kulları arasında hüküm vermek için (Arasat'a) geleceğine inanırız.

Nitekim Allah Teâlâ bu konuda şöyle buyurmuştur:

﴿ كَلَّآ إِذَا دُكَّتِ ٱلْأَرْضُ دَكًّا دَكًّا ۝ وَجَآءَ رَبُّكَ وَٱلْمَلَكُ صَفًّا صَفًّا ۝ وَجِاْىَٓءَ يَوْمَئِذٍ بِجَهَنَّمَ يَوْمَئِذٍ يَتَذَكَّرُ ٱلْإِنسَٰنُ وَأَنَّىٰ لَهُ ٱلذِّكْرَىٰ ۝ ﴾

[سورة الفجر الآيات ٢١-٢٣]

"Hayır! Yeryüzü sarsılıp parça parça döküldüğü, (kulları arasında hükmetmek için) Rabbin geldiği, melekler saf saf dizildiği ve o günde cehennem getirildiğinde (kâfir) yaptıklarını hatırlayarak tevbe eder. Ancak tevbe etmeye hiç hakkı var mı?"[1]

Biz,

Allah Teâlâ'nın kendisini şu âyette vasıflandırdığı gibi olduğuna inanırız.

﴿ فَعَّالٌ لِّمَا يُرِيدُ ۝ ﴾ [سورة البروج الآية ١٦]

"O, dilediğini mutlaka yapandır."[2]

Biz,

Allah Teâlâ'nın iki türlü irâdesi olduğuna inanırız.

1. Kevnî İrâde: Bir şeyi dilemesidir ki, o şeyin Allah Teâlâ'nın hoşuna gitmesi veya o şeyden râzı olması gerekmez.

Bu, "meşîet/dilemek" anlamındadır.

Nitekim Allah Teâlâ şöyle buyurmuştur:

---

[1] Fecr Sûresi:21-23
[2] Burûc Sûresi:16

﴿ ... وَلَوْ شَاءَ ٱللَّهُ مَا ٱقْتَتَلُوا۟ وَلَٰكِنَّ ٱللَّهَ يَفْعَلُ مَا يُرِيدُ ۝ ﴾

[سورة البقرة من الآية: ٢٥٣]

"Eğer Allah dileseydi onlar birbirlerini öldürmezlerdi. Fakat Allah dilediğini yapar."[1]

﴿ ... إِن كَانَ ٱللَّهُ يُرِيدُ أَن يُغْوِيَكُمْ هُوَ رَبُّكُمْ وَإِلَيْهِ تُرْجَعُونَ ۝ ﴾

[سورة هود من الآية: ٣٤]

"Allah sizi saptırmak isterse, (sizi îmân etmeye çağırmak için) size nasihat etsem de nasihatim size bir fayda vermez. Çünkü O, sizin Rabbinizdir ve siz O'na döndürüleceksiniz."[2]

2. Şer'î İrâde: İstenen şeyin gerçekleşmesini gerektirmeyen iradedir. Ancak istenen şey, Allah Teâlâ'nın hoşuna giden ve O'nun râzı olduğu şeydir.

Nitekim Allah Teâlâ şöyle buyurmuştur:

﴿ وَٱللَّهُ يُرِيدُ أَن يَتُوبَ عَلَيْكُمْ ... ﴾ [سورة النساء من الآية: ٢٧]

"Allah, sizin tevbenizi kabul etmek ister."[3]

Biz,

Kevnî ve şer'î irâdenin O'nun hikmetine bağlı olduğuna inanırız. Bu sebeple kevnî olarak yarattığı her şeyi veya şer'î olarak kullarına emrettiği her ibâdeti, bir hikmete binâen istemiştir. Bu hikmete göre Allah Teâlâ'nın istediği şey, ister bilmediğimizi bilmiş olalım, isterse aklımız o şeyi kavrayamaz olsun.

Nitekim Allah Teâlâ şöyle buyurmuştur:

﴿ أَلَيْسَ ٱللَّهُ بِأَحْكَمِ ٱلْحَٰكِمِينَ ۝ ﴾ [سورة التين الآية: ٨]

---

[1] Bakara Sûresi:253
[2] Hûd Sûresi:34
[3] Nisâ Sûresi:27

"Allah, hüküm verenlerin en üstünü (hâkimler hâkimi) değil midir?"[1]

﴿ ... وَمَنْ أَحْسَنُ مِنَ ٱللَّهِ حُكْمًا لِّقَوْمٍ يُوقِنُونَ ۝ ﴾ [سورة المائدة من الآية:٥٠]

"İnanan bir topluluk için, hüküm yönünden Allah'tan daha adâletli kim olabilir."[2]

Biz,

Allah Teâlâ'nın, dostlarını sevdiğine, dostlarının da Allah Teâlâ'yı sevdiğine inanırız.

Nitekim Allah Teâlâ bu konuda şöyle buyurmuştur:

﴿ قُلْ إِن كُنتُمْ تُحِبُّونَ ٱللَّهَ فَٱتَّبِعُونِي يُحْبِبْكُمُ ٱللَّهُ وَيَغْفِرْ لَكُمْ ذُنُوبَكُمْ وَٱللَّهُ غَفُورٌ رَّحِيمٌ ۝ ﴾ [سورة آل عمران الآية: ٣١]

"(Ey Nebi!) De ki: Allah'ı (gerçekten) seviyorsanız, bana uyun ki Allah da sizi sevsin ve günahlarınızı bağışlasın. Allah çok bağışlayıcıdır, çok esirgeyicidir."[3]

﴿ ...فَسَوْفَ يَأْتِي ٱللَّهُ بِقَوْمٍ يُحِبُّهُمْ وَيُحِبُّونَهُ ... ﴾ [سورة المائدة من الآية: ٥٤]

"...Allah, öyle bir topluluk getirir ki, Allah onları sever, onlar da Allah'ı severler."[4]

﴿ ... وَٱللَّهُ يُحِبُّ ٱلصَّابِرِينَ ۝ ﴾ [سورة آل عمران من الآية: ١٤٦]

"Allah, sabredenleri sever."[5]

﴿ ... وَأَقْسِطُوٓا۟ إِنَّ ٱللَّهَ يُحِبُّ ٱلْمُقْسِطِينَ ۝ ﴾ [سورة الحجرات من الآية: ٩]

---

[1] Tîn Sûresi:8

[2] Mâide Sûresi: 50

[3] Âl-i İmrân Sûresi:31

[4] Mâide Sûresi:54

[5] Âl-i İmrân Sûresi:146

"Adâletli davranın.Şüphesiz Allah, (kulları arasında Kur'an ve sünnete göre hüküm vererek) adâletli davrananları sever."[1]

﴿ ... وَأَحْسِنُوٓاْ إِنَّ ٱللَّهَ يُحِبُّ ٱلْمُحْسِنِينَ ۝ ﴾   [سورة البقرة من الآية: ١٩٥]

"(Mallarınızı,Allah'a itaat ve O'nun yolunda harcamak sûretiyle) iyilikte bulunun. Çünkü Allah, iyilikte bulunanları sever."[2]

Biz,

Allah Teâlâ'nın,farz kıldığı söz ve fiillerin işlenmesine râzı olduğuna, yasakladığı söz ve fiillerin işlenmesini de çirkin gördüğüne inanırız.

Nitekim Allah Teâlâ bu konuda şöyle buyurmuştur:

﴿ إِن تَكْفُرُواْ فَإِنَّ ٱللَّهَ غَنِيٌّ عَنكُمْ وَلَا يَرْضَىٰ لِعِبَادِهِ ٱلْكُفْرَ وَإِن تَشْكُرُواْ يَرْضَهُ لَكُمْ ... ﴾ [سورة الزمر من الآية: ٧]

"(Ey insanlar! Rabbinizi) inkâr ederseniz, (O'na îmân etmez ve elçisine uymazsanız), O size muhtaç değildir. (O'nun size bir ihtiyacı yoktur, fakat siz O'na muhtaçsınız). O, kullarının kâfir olmalarına râzı olmaz (olmalarını da emretmez.Fakat size bahşettiği nimetlere) şükrederseniz, ona râzı olur."[3]

﴿ ... وَلَٰكِن كَرِهَ ٱللَّهُ ٱنبِعَاثَهُمْ فَثَبَّطَهُمْ وَقِيلَ ٱقْعُدُواْ مَعَ ٱلْقَٰعِدِينَ ۝ ﴾

[سورة التوبة من الآية: ٤٦]

"Lâkin Allah, (münâfıkların seninle beraber savaşa) çıkmalarını çirkin gördü.Bundan dolayı onları (savaştan) geri bıraktı. Onlara; oturan (hastalar, âcizler, kadınlar ve çocuklar)la beraber oturun, denildi."[4]

---

[1] Hucurât Sûresi:9

[2] Bakara Sûresi:195

[3] Zümer Sûresi:7

[4] Tevbe Sûresi:46

Biz,

Allah Teâlâ'nın, îmân edip sâlih amel işleyenlerden râzı olduğuna inanırız.

Nitekim Allah Teâlâ bu konuda şöyle buyurmuştur:

﴿ ...رَّضِيَ اللَّهُ عَنْهُمْ وَرَضُوا عَنْهُ ذَٰلِكَ لِمَنْ خَشِيَ رَبَّهُ ۝ ﴾

[سورة البينة من الآية: ٨]

"Allah, (sâlih amellerini kabul edip) onlardan râzı olmuş, onlar da (cennette kendilerine hazırladığı nimetlere karşılık) O'ndan râzı olmuşlardır.Bu (güzel karşılık), Rabbinden korkanlar içindir."[1]

Biz,

Allah Teâlâ'nın, gazabını hak eden kâfirlere öfkelendiğine inanırız.

Nitekim Allah Teâlâ bu konuda şöyle buyurmuştur:

﴿ ... الظَّانِّينَ بِاللَّهِ ظَنَّ السَّوْءِ عَلَيْهِمْ دَائِرَةُ السَّوْءِ وَغَضِبَ اللَّهُ عَلَيْهِمْ وَلَعَنَهُمْ وَأَعَدَّ لَهُمْ جَهَنَّمَ وَسَاءَتْ مَصِيرًا ۝ ﴾ [سورة الفتح من الآية: ٦]

"(Mü'minlere Allah'ın yardım etmeyeceğini ve dînini yüceltmeyeceğini) zannedenler, Allah hakkında kötü bir zanda bulundular.Her türlü kötülük (ve azap) çemberi, (kötü zanda bulunanların) üzerine olsun.Allah, onlara gazap etmiş ve onları lânetlemiştir."[2]

﴿ ...وَلَٰكِن مَّن شَرَحَ بِالْكُفْرِ صَدْرًا فَعَلَيْهِمْ غَضَبٌ مِّنَ اللَّهِ وَلَهُمْ عَذَابٌ عَظِيمٌ ۝ ﴾ [سورة النحل من الآية: ١٠٦]

---

[1] Beyyine Sûresi:8

[2] Fetih Sûresi:6

"Fakat her kim, (îmândan sonra) **kalbini küfre açarsa** (dînden dönerse), **Allah'ın gazabı onların üzerinedir.** (Dünya hayatını, âhiret hayatına tercih ettikleri için) **onlara büyük bir azap vardır."**[1]

Biz,

Allah Teâlâ'nın, celâl ve ikrâm sıfatıyla vasfedilmiş bir yüze sahip olduğuna inanırız.

Nitekim Allah Teâlâ bu konuda şöyle buyurmuştur:

﴿ وَيَبْقَىٰ وَجْهُ رَبِّكَ ذُو الْجَلَالِ وَالْإِكْرَامِ ۝ ﴾ [سورة الرحمن الآية: ٢٧]

"Ancak celâl ve ikrâm sâhibi Rabbinin yüzü kalıcıdır."

Biz,

Allah Teâlâ'nın, kerîm ve büyük olan iki ele sahip olduğuna inanırız.

Nitekim Allah Teâlâ bu konuda şöyle buyurmuştur:

﴿ ... بَلْ يَدَاهُ مَبْسُوطَتَانِ يُنْفِقُ كَيْفَ يَشَاءُ ... ﴾ [سورة المائدة من الآية: ٦٤]

"(Durum, onların iftirâ ettikleri gibi değildir). **Aksine O'nun** (Allah'ın) **iki eli de açıktır,** (hikmeti gereği ve kullarının iyiliği için) **dilediği gibi verir."**[2]

﴿ وَمَا قَدَرُوا اللَّهَ حَقَّ قَدْرِهِ وَالْأَرْضُ جَمِيعًا قَبْضَتُهُ يَوْمَ الْقِيَامَةِ وَالسَّمَاوَاتُ مَطْوِيَّاتٌ بِيَمِينِهِ سُبْحَانَهُ وَتَعَالَىٰ عَمَّا يُشْرِكُونَ ۝ ﴾ [سورة الزمر الآية: ٦٧]

"Onlar (müşrikler), Allah'ın kadrini hakkıyla takdir edemediler. Kıyâmet günü yeryüzünün tamamı O'nun avucunda (kabzasında), gökler de sağ eliyle dürülmüş olacaktır. O, (müşriklerin) ortak koştuklarından münezzeh ve yücedir."[3]

---

[1] Nahl Sûresi:106

[2] Mâide Sûresi:64

[3] Zümer Sûresi:67

Biz,

Allah Teâlâ'nın, iki tane gerçek göze sahip olduğuna inanırız.

Nitekim Allah Teâlâ bu konuda şöyle buyurmuştur:

﴿ وَٱصْنَعِ ٱلْفُلْكَ بِأَعْيُنِنَا وَوَحْيِنَا ... ﴾ [سورة هود من الآية: ٣٧]

"(Ey Nuh!) Gemiyi, gözlerimizin önünde ve vahyimiz uyarınca yap."[1]

Nebi -sallallahu aleyhi ve sellem- de bu konuda şöyle buyurmuştur:

((حِجَابُهُ النُّورُ، لَوْ كَشَفَهُ لَأَحْرَقَتْ سُبُحَاتُ وَجْهِهِ مَا انْتَهَى إِلَيْهِ بَصَرُهُ مِنْ خَلْقِهِ.)) [رواه البخاري ومسلم]

"O'nun (Allah'ın) **perdesi nûrdur.** (İzzet ve celâlinin nûrları, yarattıklarının kendisini görmesini engeller). **Şayet O perdeyi kaldırsaydı, yüzünün nûrları gözlerinin gördüğü bütün mahlûkatı yakardı.** (Ne bir canlı, ne de gözle görülen bir şey kalırdı)."[2]

Ehl-i sünnet âlimleri, Allah Teâlâ'nın iki gözü olduğunda ittifak etmişlerdir.

Nitekim Nebi -sallallahu aleyhi ve sellem-'in Deccâl hakkındaki şu hadisi bunu teyid etmiştir:

"(Deccâl'in) **tek gözü kördür. Fakat Rabbiniz tek gözü kör değildir.**"

Biz,

Allah Teâlâ'nın kendisini şu âyette vasıflandırdığı gibi olduğuna inanırız.

﴿ لَّا تُدْرِكُهُ ٱلْأَبْصَٰرُ وَهُوَ يُدْرِكُ ٱلْأَبْصَٰرَ وَهُوَ ٱللَّطِيفُ ٱلْخَبِيرُ ۝ ﴾

[سورة الأنعام الآية: ١٠٣]

"Gözler, O'nu (Allah'ı dünyada) göremez.Fakat O, gözleri görür.O, her şeyi en iyi bilendir,her şeyden hakkıyla haberdârdır."[1]

Biz,

Mü'minlerin kıyâmet günü Rablerini göreceklerine inanırız.

Nitekim Allah Teâlâ bu konuda şöyle buyurmuştur:

$$ \{ \text{ وُجُوهٌ يَوْمَئِذٍ نَاضِرَةٌ ۝ إِلَى رَبِّهَا نَاظِرَةٌ ۝ } \} \text{ [سورة القيامة الآيتان:٢٢- ٢٣]} $$

"Nice yüzler vardır ki, o gün (kıyâmet günü) ışıl ışıl parıldayacak, Rablerine bakacaklardır."[2]

Biz,

Kemâl sıfatlara sahip olduğundan Allah Teâlâ'nın bir benzerinin bulunmadığına inanırız.

Nitekim Allah Teâlâ bu konuda şöyle buyurmuştur:

$$ \{ ... \text{ لَيْسَ كَمِثْلِهِ شَيْءٌ وَهُوَ السَّمِيعُ الْبَصِيرُ ۝ } \} \text{[سورة الشورى من الآية:١١]} $$

"O'nun benzeri hiçbir şey yoktur. O, hakkıyla işiten ve görendir."[3]

Biz,

Allah Teâlâ'nın, Hayy ve Kayyûm sıfatlarının kemâli gereği, kendisine ne bir uyuklama, ne de bir uyku geldiğine inanırız:

Nitekim Allah Teâlâ bu konuda şöyle buyurmuştur:

$$ \{ ... \text{ لَا تَأْخُذُهُ سِنَةٌ وَلَا نَوْمٌ لَهُ } ... \} \text{ [سورة البقرة من الآية:٢٥٥]} $$

"O'na ne bir uyuklama, ne de bir uyku gelir."[4]

---

[1] En'âm Sûresi: 103

[2] Kıyâmet Sûresi: 22-23

[3] Şûrâ Sûresi:11

[4] Bakara Sûresi:255

Biz,

Adâletinin kemâli gereği, Allah Teâlâ'nın hiç kimseye zulmetmeyeceğine inanırız.

Biz,

Kullarını gözetlemesi ve her yönden onları kuşatması-nın kemâli gereği, Allah Teâlâ'nın kullarının yaptıklarından habersiz olmadığına inanırız.

Biz,

İlim ve kudretinin kemâli gereği, göklerde ve yerde hiçbir şeyin Allah Teâlâ'yı âciz bırakamayacağına inanırız.

Nitekim Allah Teâlâ bu konuda şöyle buyurmuştur:

﴿ إِنَّمَا أَمْرُهُ إِذَا أَرَادَ شَيْئًا أَن يَقُولَ لَهُ كُن فَيَكُونُ ۝ ﴾ [سورة يس الآية: ٨٢]

"O, bir şey yaratmak istediğinde, (ona) ol der, o da hemen oluverir."[1]

Biz,

Güç ve kuvvetinin kemâli gereği, Allah Teâlâ'ya yorgunluk ve bitkinlik erişemeyeceğine inanırız.

Nitekim Allah Teâlâ bu konuda şöyle buyurmuştur:

﴿ وَلَقَدْ خَلَقْنَا ٱلسَّمَٰوَٰتِ وَٱلْأَرْضَ وَمَا بَيْنَهُمَا فِي سِتَّةِ أَيَّامٍ وَمَا مَسَّنَا مِن لُّغُوبٍ ۝ ﴾ [سورة ق الآية: ٣٨]

"Andolsun ki biz gökleri, yeri ve her ikisi arasında bulunanları altı günde yarattık. Bize (bu yaratma sırasında) hiçbir yorgunluk (ve bitkinlik) de çökmedi."[2]

---

[1] Yâsin Sûresi: 82

[2] Kâf Sûresi: 38

Biz,

Allah Teâlâ veya elçisi Muhammed -sallallahu aleyhi ve sellem-'in Allah hakkında sâbit kıldığı, Allah'ın güzel isimleri ve yüce sıfatlarının hepsinin sâbit olduğuna inanırız. Fakat şu iki büyük sakıncalı durumdan uzak dururuz:

Birincisi: "Bir kimsenin, kalbi veya diliyle Allah Teâlâ'nın sıfatları, insanların sıfatları gibidir" demesinden.

İkincisi: "Bir kimsenin, kalbi veya diliyle Allah Teâlâ'nın sıfatları şöyle şöyledir" demesinden.

Allah Teâlâ kendisi veya elçisi Muhammed -sallallahu aleyhi ve sellem-'in Allah'ın isim ve sıfatları konusunda reddettiği şeyleri biz de reddederiz.Allah'a nisbet edilenleri reddetmek; O'nun isim ve sıfatlarının kâmil olmasını gerektirir. Allah Teâlâ ve elçisinin sustuğu konularda biz de susarız.

Biz,

Bu yolda yürümeyi yerine getirilmesi gereken bir farz olarak görmekteyiz. Çünkü Allah Teâlâ'nın kendisi hakkında ispat ettiği veya reddettiği şeyleri, bizzat kendisi haber vermiştir. Dolayısıyla Allah'ı kendisinden daha iyi bilen, O'ndan daha doğru ve güzel sözlü hiç kimse yoktur. Kulları ise O'nu gereği gibi bilemezler.

Rasûlullah -sallallahu aleyhi ve sellem-'in Allah Teâlâ hakkında ispat ettiği veya reddettiği şeyleri, bizzat kendisi haber vermiştir. Çünkü Rasûlullah -sallallahu aleyhi ve sellem- Allah'ı en iyi bilen, kulları içerisinde en güzel öğüt veren, en doğru sözlü ve en iyi konuşan insandır.

Allah ve elçisinin sözlerinde; ilim, doğruluk ve beyân yönünden mükemmellik vardır. O sözleri kabul etmeyip reddetmek veya o sözlerin kabulünde tereddüt etmekte, özür kabul edilemez.

1. BÖLÜM

ALLAH'A ÎMÂN

Biz,

Allah Teâlâ'nın sıfatları hakkında, ayrıntılı ve genel olarak, ispat ve red yönünden söylediğimiz her şeyde Rabbimizin kitabı ile Nebimiz Muhammed - sallallahu aleyhi ve sellem-'in sünnetine, bu yolda yürümüş ilk müslümanların yoluna ve onlardan sonra gelen hidâyet önderi imamların görüşlerine dayandık ve onları esas olarak aldık.

Biz,

Allah Teâlâ'nın sıfatları konusunda; Kur'ân ve sünnetin bildirdiklerini, Allah Teâlâ'ya yaraşır şekilde zâhirîne ve gerçek anlamına göre anlamak gerektiğine inanırız.

Biz,

Allah Teâlâ'nın sıfatlarını, Allah ve elçisinin istediği anlamdan uzaklaştırarak tahrif edenlerin yolundan uzak dururuz.

Biz,

Allah Teâlâ'nın sıfatlarını, Allah ve elçisinin istedikleri anlamlarından soyutlayıp geçersiz kılanların yolundan uzak dururuz.

Biz,

Allah Teâlâ'nın sıfatlarına örnek veya keyfiyet vererek aşırıya gidenlerin yolundan uzak dururuz.

Biz,

Allah Teâlâ'nın kitabı ve elçisinin sünnetinde belirtilen şeylerin hak olduğunu, haber verilen bu şeylerde herhangi bir çelişkinin olmadığını yakînen biliriz.

Nitekim Allah Teâlâ bu konuda şöyle buyurmuştur:

﴿ أَفَلَا يَتَدَبَّرُونَ ٱلْقُرْءَانَ وَلَوْ كَانَ مِنْ عِندِ غَيْرِ ٱللَّهِ لَوَجَدُواْ فِيهِ ٱخْتِلَـٰفًا كَثِيرًا ۞ ﴾ [سورة النساء الآية: ٨٢]

"Onlar, Kur'ân'ın (hak olarak getirdiği şeyleri) iyice düşünmezler mi? Şâyet o, Allah'tan başkası tarafından indirilmiş olsaydı, onda birçok tutarsızlıklar bulurlardı."[1]

Çünkü haber verilen konularda çelişkinin olması, bu konuların birbirini yalanlamasını gerektirir. (birinin doğru, diğerinin yalan olması gerekir) Allah Teâlâ ve elçisinin haber verdiği konularda böyle bir şeyin olması imkânsızdır.

Kim, Allah'ın kitabında veya elçisinin sünnetinde veya Kur'ân ile sünnet arasında bir çelişkinin olduğunu iddiâ ederse, o kimse art niyetli ve kalbinde eğrilik olan bir kimsedir. Onun derhal tevbe etmesi ve içinde bulunduğu sapıklıktan kurtulması gerekir.

Allah'ın kitabında veya elçisinin sünnetinde ya da Kur'ân ile sünnet arasında bir çelişkinin olduğunu zanneden kimsenin ya ilmi yetersizdir, ya anlayışı kıttır, ya da iyice düşünememiştir. Bundan dolayı, hakkın açık-seçik ortaya çıkması için onun ilmi araştırma yapması, iyice düşünebilmesi için de çok çalışması gerekir. Hak belli olmasa bile işi bilene havâle etmesi, kötü zanlarından vazgeçmesi ve ilimde derinleşmiş olanlar gibi şöyle demesi gerekir:

﴿ ... وَٱلرَّٰسِخُونَ فِى ٱلْعِلْمِ يَقُولُونَ ءَامَنَّا بِهِۦ كُلٌّ مِّنْ عِندِ رَبِّنَا ... ﴾
[سورة آل عمران من الآية: ٧]

"İlimde derinleşmiş olanlar; 'Ona (Kur'ân'a) îmân ettik ve (ondaki şeylerin) hepsi Rabbimiz katındandır' (derler)..."[2]

---

[1] Nisâ Sûresi:82

[2] Âl-i İmrân Sûresi:7

Bilinmesi gerekir ki, Kur'an ve sünnette veya Kur'an ve sünnet arasında hiçbir çelişki veya ihtilaf yoktur.

2. BÖLÜM

MELEKLERE ÎMÂN

Biz,

Allah Teâlâ'nın meleklerine ve onların Allah Teâlâ tarafından kendilerine fazîletler ihsân edilmiş Allah Teâlâ'ya yakın kullar olduğuna, Rableri onlara emretmedikçe itaatleri gereği konuşmadıklarına ve izin vermedikçe de bir iş yapmadıklarına inanırız.

Nitekim Allah Teâlâ bu konuda şöyle buyurmuştur:

﴿ ...عِبَادٌ مُّكْرَمُونَ ۝ لَا يَسْبِقُونَهُ بِالْقَوْلِ وَهُمْ بِأَمْرِهِ يَعْمَلُونَ ۝ ﴾

[سورة الأنبياء من الآيتين:٢٦-٢٧]

"Onlar (melekler), ikram olunmuş (Allah'a yakın) kullardır. Onlar sözle (bile olsa) O'nun önüne geçmezler ve onlar O'nun emriyle hareket ederler (itaatleri gereği Rableri onlara emretmedikçe konuşmazlar, izin vermedikçe de hiçbir iş yapmazlar)."[1]

Allah Teâlâ, meleklerini yalnızca kendisine ibâdet etmeleri ve emrine teslim olmaları için yaratmıştır.

Nitekim Allah Teâlâ şöyle buyurmuştur:

﴿ ... لَا يَسْتَكْبِرُونَ عَنْ عِبَادَتِهِ وَلَا يَسْتَحْسِرُونَ ۝ يُسَبِّحُونَ ٱلَّيْلَ وَٱلنَّهَارَ لَا يَفْتُرُونَ ۝ ﴾ [سورة الأنبياء من الآيتين:١٩-٢٠]

"(Allah'a yakın) melekler, O'na ibâdet etmekten kibirlenmez ve yorulmazlar. Onlar, gece-gündüz bıkmaksızın Allah'ı tesbîh ederler."[2]

Allah Teâlâ, melekleri bizden gizlediği için, biz onları göremeyiz. Fakat onları bazı kullarına göstermiştir.

---

[1] Enbiyâ Sûresi:26-27

[2] Enbiyâ Sûresi:19-20

Nitekim Nebi -sallallahu aleyhi ve sellem- Cebrâîl -aleyhisselâm-'ı ufukları kapatmış, altı yüz tane kanadı olduğu halde gerçek sûretinde görmüştür.

Cebrâîl -aleyhisselâm-,Meryem -aleyhesselâm-'a tam bir insan sûretinde görünmüş, Meryem onunla, o da Meryem -aleyhesselâm- ile karşılıklı konuşmuştur.

Cebrâîl-aleyhisselâm-, sahâbenin yanında, kendisini hiç kimsenin tanımadığı, üzerinde hiçbir yolculuk eseri bulunmayan, beyaz elbiseli, simsiyah saçlı bir adam sûretinde, Rasûlullah -sallallahu aleyhi ve sellem-'e gelerek önünde oturmuş, dizlerini dizlerine dayamış, ellerini Rasûlullah -sallallahu aleyhi ve sellem-'in uyluklarının üzerine koyarak onunla karşılıklı konuşmuş, ayrıldıktan sonra da ashâbına onun Cebrâîl olduğunu haber vermiştir.

Biz,

Meleklerin yerine getirmek zorunda oldukları bazı görevleri olduğuna inanırız.

Bu meleklerden bazıları şunlardır:

Cebrâîl -aleyhisselâm-: Vahiyle görevli melektir. Allah'tan aldığı vahyi, Allah'ın dilediği elçisine indirir.

Mîkâîl -aleyhisselâm-: Yağmur yağdırmak ve bitkileri yeşertmekle görevli melektir.

İsrâfîl -aleyhisselâm-: Birinci ve ikinci kıyâmetin kopması için sûra üflemekle görevli melektir.[1]

Ölüm meleği[2]: Ölüm ânında canlılardan rûhları çekip almakla görevli melektir.

---

[1] İlk sûra üflediğinde her canlı ölecektir. İkinci defa sûra üflediğinde ise herkes hesap vermek için Allah'ın huzuruna duracaktır. Hesap vermek için ayağa kalkılacak olmasından dolayı kıyâmet denilmiştir. (Çeviren)

[2] Ölüm meleği, sahih ilim kitaplarının hiçbirinde Azrâîl diye bildirilmemiştir. (Çeviren)

Dağ melekleri: Dağlarla görevli meleklerdir.

Mâlik -aleyhisselâm-: Cehennem bekçisidir.

Rahim melekleri: Ana karnındaki ceninlerin ecellerini, rızıklarını, cennetlik ya da cehennemlik olduklarını yazmakla görevli meleklerdir.

Koruyucu melekler: Her türlü tehlikeye karşı insanları korumakla görevli meleklerdir.

Amelleri kaydeden melekler: İnsanların işledikleri amelleri kaydeden meleklerdir.

Nitekim Allah Teâlâ insanların amellerini yazan bu iki melek hakkında şöyle buyurmuştur:

﴿ إِذْ يَتَلَقَّى ٱلْمُتَلَقِّيَانِ عَنِ ٱلْيَمِينِ وَعَنِ ٱلشِّمَالِ قَعِيدٌ ۝ مَّا يَلْفِظُ مِن قَوْلٍ إِلَّا لَدَيْهِ رَقِيبٌ عَتِيدٌ ۝ ﴾ [سورة ق الآيتان: ١٧- ١٨]

"İki melek insanın sağında ve solunda oturarak yaptıklarını yazarlar.[1] İnsan hiçbir söz söylemesin ki, yanında onu gözetleyip yazmaya hazır bir melek bulunmasın. "[2]

Kabir melekleri: Ölü kabre konulduktan sonra ona üç şey hakkında soru soran iki melektir. Bu iki melek kabirde ölüye gelir ve ona;Rabbi, dîni ve nebisi hakkında soru sorar.

Nitekim Allah Teâlâ bu konuda şöyle buyurmuştur:

﴿ يُثَبِّتُ ٱللَّهُ ٱلَّذِينَ ءَامَنُواْ بِٱلْقَوْلِ ٱلثَّابِتِ فِي ٱلْحَيَوٰةِ ٱلدُّنْيَا وَفِي ٱلْأَخِرَةِ وَيُضِلُّ ٱللَّهُ ٱلظَّٰلِمِينَ وَيَفْعَلُ ٱللَّهُ مَا يَشَآءُ ۝ ﴾ [سورة إبراهيم الآية: ٢٧]

---

[1] Sağındaki melek, insanın sevaplarını yazmakla, solundaki melek ise günahlarını yazmakla görevlidir. (Çeviren)

[2] Kâf Sûresi: 17-18

"Allah, îmân edenleri hem dünya, hem de âhiret hayatında hak ve kalıcı söz ile sapasağlam tutar.[1] Zâlimleri ise, (dünya ve âhiret hayatında haktan) saptırır. Allah, dilediğini yapar."[2]

Cennetliklerle görevli melekler: Cennet kapılarından, cennet ehlinin yanına gelerek onları selâmlamak ve onları cennet nimetleriyle müjdelemekle görevli meleklerdir.

Nitekim Allah Teâlâ bu melekler hakkında şöyle buyurmuştur:

$$﴿ ... وَٱلْمَلَٰٓئِكَةُ يَدْخُلُونَ عَلَيْهِم مِّن كُلِّ بَابٍ ۝ سَلَٰمٌ عَلَيْكُم بِمَا صَبَرْتُمْ ۚ فَنِعْمَ عُقْبَى ٱلدَّارِ ۝ ﴾ [سورة الرعد من الآيتين:٢٣-٢٤]$$

"Melekler, (cennete girişlerini tebrik etmek için) her kapıdan onların (cennet ehlinin) yanına gelerek onlara; 'Sizlere selâm olsun. Son yurt (cennet), ne güzeldir' (derler)."[3]

Nebi -sallallahu aleyhi ve sellem-, gökte "Beytul-Ma'mûr" denilen yere her gün yetmiş bin meleğin girdiğini -başka bir rivâyette: onların orada namaz kıldıklarını- kıyâmet gününe kadar da (kendilerine sıra gelmediği için) bir daha oraya dönmeyeceklerini haber verdiği melekler de vardır.

---

[1] Bu, kelime-i şehâdet olan "Lâ ilâhe illallah Muhammedun Rasûlullah" sözüdür. Allah îmân edenleri dünya hayatında hak dîn üzere yaşatıp vefat etmeden önce güzel bir sonla dünyadan göç etmelerini sağlar. Kabirde ise Münker ve Nekîr adlı iki meleğin sorularına doğru cevap vermelerini sağlar. (Çeviren)

[2] İbrâhîm Sûresi:27

[3] Ra'd Sûresi:23-24

3. BÖLÜM

KİTAPLARA ÎMÂN

Biz,

Allah Teâlâ'nın, insanların doğru yolu bularak kıyâmet günü Allah'a karşı özür beyan etmemeleri, onlara hikmeti öğretmeleri ve nefislerini temize çıkarmaları için elçilerine kitaplar indirdiğine inanırız.

Biz,

Allah Teâlâ'nın her elçi ile birlikte kitap indirdiğine inanırız.

Nitekim Allah Teâlâ şöyle buyurmuştur:

﴿ لَقَدْ أَرْسَلْنَا رُسُلَنَا بِٱلْبَيِّنَاتِ وَأَنزَلْنَا مَعَهُمُ ٱلْكِتَابَ وَٱلْمِيزَانَ لِيَقُومَ ٱلنَّاسُ بِٱلْقِسْطِ ... ﴾ [سورة الحديد من الآية: ٢٥]

"Andolsun ki biz, elçilerimizi apaçık delîllerle gönderdik ve insanlar adâleti ayakta tutsunlar diye onlarla birlikte Kitab'ı ve Mîzân'ı (adâlet ölçüsünü) indirdik."[1]

Adlarını bildiğimiz kitaplar şunlardır:

1. Tevrât: Allah Teâlâ tarafından Musa -aleyhisselâm-'a indirilmiş olan İsrâîloğullarının en büyük kitabıdır.

Nitekim Allah Teâlâ Tevrât hakkında şöyle buyurmuştur:

﴿ إِنَّا أَنزَلْنَا ٱلتَّوْرَىٰةَ فِيهَا هُدًى وَنُورٌ يَحْكُمُ بِهَا ٱلنَّبِيُّونَ ٱلَّذِينَ أَسْلَمُواْ لِلَّذِينَ هَادُواْ وَٱلرَّبَّانِيُّونَ وَٱلْأَحْبَارُ بِمَا ٱسْتُحْفِظُواْ مِن كِتَابِ ٱللَّهِ وَكَانُواْ عَلَيْهِ شُهَدَآءَ ... ﴾

[سورة المائدة من الآية: ٤٤]

---

[1] Hadîd Sûresi: 25

"Andolsun ki biz, içerisinde hidâyet (doğru yolu gösteren, hükümleri açıklayan) ve nûr olan Tevrât'ı indirdik. Allah'ın emrine teslim olmuş nebiler, Yahûdiler arasında Tevrât ile hükmederlerdi. Rablerinin emrine teslim olmuş Yahûdîlerden âbid kimseler ve âlimler de onunla hükmetmişler ve nebilerinin, onlar arasında Tevrât ile hükmettiklerine şâhitlik etmişlerdi..." [1]

2. İncîl: Allah Teâlâ'nın, Tevrât'ı doğrulayıcı ve tamamlayıcı olarak İsa - aleyhisselâm-'a indirdiği kitaptır.

Nitekim Allah Teâlâ İncîl hakkında şöyle buyurmuştur:

$$ \text{... وَءَاتَيْنَاهُ ٱلْإِنجِيلَ فِيهِ هُدًى وَنُورٌ وَمُصَدِّقًا لِّمَا بَيْنَ يَدَيْهِ مِنَ ٱلتَّوْرَىٰةِ} $$
$$ \text{وَهُدًى وَمَوْعِظَةً لِّلْمُتَّقِينَ} \quad \text{[سورة المائدة من الآية: ٤٦]} $$

"Hakkı göstermesi ve (bilmedikleri hükümleri) insanlara açıklaması, (Tevrât'ın içerdiği hükümlerin) doğru olduğuna şâhitlik etmesi, muttakîler için doğru yolu gösterici ve öğüt olması için O'na (İsa'ya) İncîl'i verdik." [2]

$$ \text{... وَلِأُحِلَّ لَكُم بَعْضَ ٱلَّذِى حُرِّمَ عَلَيْكُمْ ...} $$

[سورة آل عمران من الآية: ٥٠]

"(İsa:) daha önce size haram kılınan bazı şeyleri size helâl kılmam için (gönderildim)." [3]

3. Zebûr: Allah Teâlâ'nın, Dâvûd -aleyhisselâm-'a vermiş olduğu kitaptır.

4. Suhuf: İbrahim ve Musâ -aleyhimesselâm-'a inen sahîfelerdir.

5. Kur'an-ı Kerîm: Allah Teâlâ'nın, elçilerin sonuncusu olan Muhammed -sallallahu aleyhi ve sellem-'e indirdiği kitaptır.

Nitekim Allah Teâlâ Kur'ân-ı Kerîm hakkında şöyle buyurmuştur:

---

[1] Mâide Sûresi:44

[2] Mâide Sûresi:46

[3] Âl-i İmrân Sûresi:50

﴿ ... هُدًى لِّلنَّاسِ وَبَيِّنَٰتٍ مِّنَ ٱلْهُدَىٰ وَٱلْفُرْقَانِ ... ﴾

[سورة البقرة من الآية: ١٨٥]

"(Kur'ân) insanlara doğru yolu göstermek için (indirilmiştir). (O Kur'an'da Allah'ın) hidâyetine delîl teşkil eden ve hakkı bâtıldan ayırt eden apaçık delîller vardır."[1]

Kur'ân-ı Kerîm, kendisinden önceki kitapları tasdik etmesi ve onlara hâkim olması için gönderilmiştir.

Nitekim Allah Teâlâ şöyle buyurmuştur:

﴿ ... مُصَدِّقًا لِّمَا بَيْنَ يَدَيْهِ مِنَ ٱلْكِتَٰبِ وَمُهَيْمِنًا عَلَيْهِ ... ﴾

[سورة المائدة من الآية: ٤٨]

"Kendisinden önceki kitap(lar)ı tasdik etmesi ve (onlara üstün olması, o kitapların doğru olduklarına şâhitlik etmesi) ve onların üzerine hâkim olması için (sana kitabı indirdik)."[2]

Allah Teâlâ, daha önce inen bütün kitapların hükmünü Kur'ân-ı Kerîm ile ortadan kaldırmış ve Kur'ân-ı Kerîm'i, onun ile oynamak ve onu tahrif etmek/bozmak isteyenlerden korumayı bizzat kendisi üstlenmiştir.

Nitekim Allah Teâlâ şöyle buyurmuştur:

﴿ إِنَّا نَحْنُ نَزَّلْنَا ٱلذِّكْرَ وَإِنَّا لَهُۥ لَحَٰفِظُونَ ۝ ﴾ [سورة الحجر الآية: ٩]

"Kur'ân'ı kesinlikle biz indirdik ve (ona bir şey ilâve edilmek veya ondan bir şey noksanlaştırılmak sûretiyle tahrif edilmekten) onu koruyacak olan da biziz."[3]

---

[1] Bakara Sûresi: 185

[2] Mâide Sûresi: 48

[3] Nisâ Sûresi: 46

Çünkü Kur'ân-ı Kerîm, (özür beyan etmemeleri için) kıyâmete kadar cinler ve insanların hepsine birden bir delîl olarak kalacaktır.

Kur'ân-ı Kerîm'den önceki bütün kitaplar geçici bir süre için geçerliydi. Sonra inen kitap, önce inen kitabın hem hükmünü ortadan kaldırıyor, hem de önce inen kitapta meydana gelen tahrif ve değişikliği beyan ediyordu. Bu nedenle Kur'ân-ı Kerim'den önce inen hiçbir kitap, tahrif edilmekten, fazlalaştırılmaktan veya noksanlaştırılmaktan kurtulamamıştı.

Nitekim Allah Teâlâ bu konuda şöyle buyurmuştur:

﴿ مِّنَ ٱلَّذِينَ هَادُواْ يُحَرِّفُونَ ٱلْكَلِمَ عَن مَّوَاضِعِهِۦ ... ﴾ [سورة النساء من الآية: ٤٦]

"Yahûdilerin bir kısmı, (Allah'ın) sözleri(ni) yerlerinden değiştir(tirmeyi kendilerine âdet edin)irler."[1]

﴿ فَوَيْلٌ لِّلَّذِينَ يَكْتُبُونَ ٱلْكِتَـٰبَ بِأَيْدِيهِمْ ثُمَّ يَقُولُونَ هَـٰذَا مِنْ عِندِ ٱللَّهِ لِيَشْتَرُواْ بِهِۦ ثَمَنًا قَلِيلًا فَوَيْلٌ لَّهُم مِّمَّا كَتَبَتْ أَيْدِيهِمْ وَوَيْلٌ لَّهُم مِّمَّا يَكْسِبُونَ ۝ ﴾

[سورة البقرة الآية: ٧٩]

"Elleriyle kitabı yazıp da sonra onu yok pahasına satabilmek için: 'Bu Allah katındandır' diyenlere (Yahudi âlimlere) yazıklar olsun! Yine onlar, elleriyle yazdıkları ve (haram olarak) kazandıklarından dolayı yazıklar olsun onlara!"[2]

﴿ ... قُلْ مَنْ أَنزَلَ ٱلْكِتَـٰبَ ٱلَّذِى جَآءَ بِهِۦ مُوسَىٰ نُورًا وَهُدًى لِّلنَّاسِ تَجْعَلُونَهُۥ قَرَاطِيسَ تُبْدُونَهَا وَتُخْفُونَ كَثِيرًا ... ﴾ [سورة الأنعام من الآية: ٩١]

"(Ey Nebi!) De ki: O halde, Musâ'nın insanlara bir nûr ve hidâyet olarak getirdiği kitabı kim indirdi? Siz bu kitabı kağıtlara yazarak bazısını açıklıyor, çoğunu da gizliyorsunuz."[3]

---

[1] Nisâ Sûresi: 46

[2] Bakara Sûresi: 79

[3] En'âm Sûresi: 91

﴾ وَإِنَّ مِنْهُمْ لَفَرِيقًا يَلْوُونَ أَلْسِنَتَهُم بِٱلْكِتَٰبِ لِتَحْسَبُوهُ مِنَ ٱلْكِتَٰبِ وَمَا هُوَ مِنَ ٱلْكِتَٰبِ وَيَقُولُونَ هُوَ مِنْ عِندِ ٱللَّهِ وَمَا هُوَ مِنْ عِندِ ٱللَّهِ وَيَقُولُونَ عَلَى ٱللَّهِ ٱلْكَذِبَ وَهُمْ يَعْلَمُونَ ۝ مَا كَانَ لِبَشَرٍ أَن يُؤْتِيَهُ ٱللَّهُ ٱلْكِتَٰبَ وَٱلْحُكْمَ وَٱلنُّبُوَّةَ ثُمَّ يَقُولَ لِلنَّاسِ كُونُوا۟ عِبَادًا لِّي مِن دُونِ ٱللَّهِ ... ﴾ [سورة آل عمران من الآيتين: ٧٨-٧٩]

"Yahûdîlerden bir grup, okudukları şeyi (Allah tarafından indirilmiş) kitaptan sanmanız için, kitabı (Tevrât'ı) okurken dillerini eğip-bükerler.Halbuki okudukları şey, kitaptan değildir. Onlar: 'O, Allah katındandır', derler. O (okudukları şey), Allah katından değildir. Onlar bilerek Allah'a iftirâ etmektedirler Allah'ın kendisine kitap, hikmet, ve nebilik verdiği hiçbir insanoğlunun, diğer insanlara, 'Allah'ı bırakın da bana kul olun' demesi mümkün değildir."[1]

﴾ يَٰٓأَهْلَ ٱلْكِتَٰبِ قَدْ جَآءَكُمْ رَسُولُنَا يُبَيِّنُ لَكُمْ كَثِيرًا مِّمَّا كُنتُمْ تُخْفُونَ مِنَ ٱلْكِتَٰبِ ... ﴾ [سورة المائدة من الآية: ١٥]

"Ey Ehl-i kitap! Elçimiz (Muhammed -sallallahu aleyhi ve sellem- Tevrât ve İncîl'de insanlardan) gizlediğiniz birçok şeyi size açıklamak üzere geldi."[2]

﴾ لَّقَدْ كَفَرَ ٱلَّذِينَ قَالُوٓا۟ إِنَّ ٱللَّهَ هُوَ ٱلْمَسِيحُ ٱبْنُ مَرْيَمَ ... ﴾

[سورة المائدة من الآية: ١٧]

"Andolsun, "Allah, Meryem oğlu Mesih'tir", diyenler (hıristiyanlar) kesinlikle kâfir oldular."[3]

---

[1] Âl-i İmrân Sûresi:78-79
[2] Mâide Sûresi:15
[3] Mâide Sûresi:17

4.BÖLÜM

ELÇİLERE (PEYGAMBERLERE) ÎMÂN

Biz,

İnsanların, kıyâmet günü Allah'a karşı (özür olarak ileri sürebilecekleri) bir delilleri bulunmaması için Allah'ın müjdeleyen ve korkutan elçiler gönderdiğine inanırız.

Nitekim Allah Teâlâ bu konuda şöyle buyurmuştur:

$$ \text{﴿ رُسُلًا مُبَشِّرِينَ وَمُنذِرِينَ لِئَلَّا يَكُونَ لِلنَّاسِ عَلَى اللَّهِ حُجَّةٌ بَعْدَ الرُّسُلِ وَكَانَ اللَّهُ عَزِيزًا حَكِيمًا ۝ ﴾ [سورة النساء الآية: ١٦٥]} $$

"İnsanların, (kıyâmet günü) elçilerden sonra Allah'a karşı bir özür beyan etmemeleri için, (sevabımı) müjdeleyici ve (azabımdan da) uyarıcı olsunlar diye elçiler (gönderdik). Allah, (mülkünde) güçlüdür, hikmet sahibidir."[1]

---

[1] Nisâ Sûresi:165

Biz,

Rasûllerin[1] ilkinin Nuh -aleyhisselâm-, sonuncusunun da Muhammed -sallallahu aleyhi ve sellem- olduğuna inanırız.

Nitekim Allah Teâlâ bu konuda şöyle buyurmuştur:

﴿ ۞ إِنَّا أَوْحَيْنَا إِلَيْكَ كَمَا أَوْحَيْنَا إِلَى نُوحٍ وَالنَّبِيِّنَ مِنْ بَعْدِهِ ... ﴾

[سورة النساء من الآية: ١٦٣]

"(Ey Nebi!) Andolsun ki Biz, Nûh'a ve ondan sonraki nebilere vahyettiğimiz gibi, sana da vahyettik."[2]

﴿ مَّا كَانَ مُحَمَّدٌ أَبَا أَحَدٍ مِّن رِّجَالِكُمْ وَلَكِن رَّسُولَ اللَّهِ وَخَاتَمَ النَّبِيِّنَ وَكَانَ اللَّهُ بِكُلِّ شَيْءٍ عَلِيمًا ۞ ﴾ [سورة الأحزاب الآية: ٤٠:]

---

[1] Nebî ve rasûl arasında bilinen fark şudur:

Rasûl (elçi), kendisine yeni bir şeriat vahyedilen ve bunu tebliğ etmekle emrolunan kimsedir. Nebî ise, kendisine yeni bir şeriat vahyedilmeyen ve onu tebliğ etmekle emrolunmayan kimsedir. Fakat bu fark, bazı kusurlardan uzak değildir. Çünkü nebî; dâvet, tebliğ ve insanlar arasında hüküm vermekle mükelleftir. Bunun içindir ki Şeyhulislâm İbn-i Teymiyye -Allah ona rahmet etsin- şöyle der: *"Doğru olan, yalanlayan kâfirler topluluğuna gönderilen kimse, rasûldür. Kendisinden önceki rasûlün şeriatına îmân eden mü'minler topluluğuna dînlerini öğretmek ve onlar arasında hüküm vermek için gönderilen kimse de nebîdir.* Nitekim Allah Teâlâ bu konuda şöyle buyurmuştur: *"Andolsun ki biz, içerisinde hidâyet ve nûr olan Tevrât'ı indirdik. Allah'ın emrine teslim olmuş nebiler, Yahûdiler arasında Tevrât ile hükmederlerdi. Rablerinin emrine teslim olmuş Yahûdîlerden âbidlerle âlimler de onunla hükmetmiş-ler ve nebilerinin, onlar arasında Tevrât ile hükmettiklerine şâhitlik etmişlerdi.."* (Mâide:44) Bunun içindir ki, İsrailoğullarının nebîleri, insanlar arasında Musa -aleyhisselâm-'a indirilen Tevrât ile hüküm veriyorlardı.

Allah Teâlâ Kur'an'da: *"...ve nebîlerin sonuncusudur."* (Ahzâb:40) demiş, fakat: *"... ve rasûllerin sonuncusudur"* dememiştir. Çünkü risâletin son bulması, nübüvvetin son bulmasını gerektirmez. Fakat nübüvvetin son bulması, risâletin son bulmasını gerektirir. Bunun içindir ki Nebi -sallallahu aleyhi ve sellem-: *"İsrailoğullarını nebîler yönetiyorlardı (yani bir fesat ortaya çıktığı zaman Allah Teâlâ onlara bir nebi göndererek onların işlerini düzeltir ve Tevrât'ı değiştirerek çıkardıkları yeni hükümleri onlar ortadan kaldırılardı). Onlardan bir nebî ölünce, yerine başka bir nebî gelirdi. Şüphesiz benden sonra hiçbir nebî olmayacaktır (ki benden sonra, onların yaptıkları gibi yapsın)."* (Buhârî ve Müslim) demiş, fakat: *"Benden sonra rasûl olmayacaktır"* dememiştir. Böylelikle Nebi -sallallahu aleyhi ve sellem-'den sonra ne bir rasûl, ne de bir nebî geleceği, aksine O'nun, nebîlerin ve rasûllerin sonuncusu olduğu anlaşılmış olmaktadır. (Çeviren)

[2] Nisâ Sûresi:163

"Muhammed, adamlarınızdan hiçbirinin babası değildir. Ancak O, Allah'ın elçisi ve nebilerin sonuncusudur. (O'ndan sonra kıyâmete kadar nebi gelmeyecektir). Allah, hakkıyla bilendir."[1]

Biz,

Elçilerin en fazîletlilerinin sırasıyla Muhammed, İbrahim, Musa, Nuh ve Meryem oğlu İsa olduğuna inanırız. -Allah'ın salât ve selâmı, hepsinin üzerine olsun-.

Nitekim Allah Teâlâ onları özel olarak zikrederek şöyle buyurmuştur:

﴿ وَإِذْ أَخَذْنَا مِنَ ٱلنَّبِيِّـۧنَ مِيثَـٰقَهُمْ وَمِنكَ وَمِن نُّوحٍ وَإِبْرَٰهِيمَ وَمُوسَىٰ وَعِيسَى ٱبْنِ مَرْيَمَ وَأَخَذْنَا مِنْهُم مِّيثَـٰقًا غَلِيظًا ۝ ﴾ [سورة الأحزاب الآية: ٧]

"Biz, nebilerden (risâleti tebliğ edeceklerine dâir) söz almıştık.(Ey Nebi!) Senden,Nuh'tan, İbrahim'den, Musa'dan ve Meryem oğlu İsa'dan da (söz almıştık).Biz, (risâleti tebliğ ederek emâneti yerine getireceklerine ve birbirlerini tasdik edeceklerine dâir) onlardan kesin bir söz almıştık."[2]

Biz,

Allah Teâlâ'nın şu âyette özel olarak zikrettiği elçilerin şerîatlerini içerdiği için Muhammed -sallallahu aleyhi ve sellem-'in şerîatının, onların şerîatlarının sahip olduğu fazîletlere sahip olduğuna inanırız.

Nitekim Allah Teâlâ şöyle buyurmuştur:

﴿ ۞ شَرَعَ لَكُم مِّنَ ٱلدِّينِ مَا وَصَّىٰ بِهِۦ نُوحًا وَٱلَّذِىٓ أَوْحَيْنَآ إِلَيْكَ وَمَا وَصَّيْنَا بِهِۦٓ إِبْرَٰهِيمَ وَمُوسَىٰ وَعِيسَىٰٓ أَنْ أَقِيمُوا۟ ٱلدِّينَ وَلَا تَتَفَرَّقُوا۟ فِيهِ ... ﴾

[سورة الشورى من الآية: ١٣]

---

[1] Ahzâb Sûresi:40

[2] Ahzâb Sûresi:7

"(Ey insanlar! Allah'ı birleyerek) dîni dosdoğru tutun ve onda ayrılığa düşmeyin" diye Allah'ın Nuh'a tavsiye ettiğini, sana vahyettiğimizi, İbrahim'e, Musa'ya ve İsa'ya tavsiye ettiğimizi, Allah size dîn kıldı."[1]

Biz,

Elçilerin hepsinin yaratılmış insanlar olduklarına ve onların rubûbiyet özelliklerinden hiçbir şeye sahip olmadıklarına inanırız.

Nitekim Allah Teâlâ, elçilerin ilki olan Nuh hakkında şöyle buyurmuştur:

﴿ وَلَآ أَقُولُ لَكُمْ عِندِى خَزَآئِنُ ٱللَّهِ وَلَآ أَعْلَمُ ٱلْغَيْبَ وَلَآ أَقُولُ إِنِّى مَلَكٌ... ﴾

[سورة هود من الآية: ٣١]

"(Nuh kavmine dedi ki:) Ben size, Allah'ın hazîneleri benim yanımdadır' demiyorum. Gaybı da bilemem. Ben bir meleğim de demiyorum."[2]

Allah Teâlâ, elçilerin sonuncusu olan Muhammed -sallallahu aleyhi ve sellem-'e de şöyle söylemesini emretmiştir:

﴿ قُل لَّآ أَقُولُ لَكُمْ عِندِى خَزَآئِنُ ٱللَّهِ وَلَآ أَعْلَمُ ٱلْغَيْبَ وَلَآ أَقُولُ لَكُمْ إِنِّى مَلَكٌ ... ﴾ [سورة الأنعام من الآية: ٥٠]

"(Ey Nebi! Onlara de ki:) Ben size, Allah'ın hazîneleri benim yanımdadır, demiyorum. Ben, gaybı da bilemem. Ben size, bir meleğim de demiyorum."[3]

Yine O'na şöyle söylemesini emretmiştir:

﴿ قُل لَّآ أَمْلِكُ لِنَفْسِى نَفْعًا وَلَا ضَرًّا إِلَّا مَا شَآءَ ٱللَّهُ ... ﴾

[سورة الأعراف من الآية: ١٨٨]

---

[1] Şûrâ Sûresi:13

[2] Hûd Sûresi:31

[3] En'âm Sûresi:50

"(Ey Nebi! Onlara de ki:) **Ben, Allah'ın dilediğinden başka, kendime ne bir fayda sağlamaya, ne de kendimden bir zararı savmaya gücüm yeter.**"[1]

Başka bir âyette şöyle söylemesini emretmiştir:

$$ \left\{ قُلْ إِنِّى لَآ أَمْلِكُ لَكُمْ ضَرًّا وَلَا رَشَدًا ۝ قُلْ إِنِّى لَن يُجِيرَنِى مِنَ ٱللَّهِ أَحَدٌ وَلَنْ أَجِدَ مِن دُونِهِۦ مُلْتَحَدًا ۝ \right\} [سورة الجن الآيتان:٢١-٢٢] $$

"(Ey Nebi! Onlara de ki:) **Doğrusu ben,** (kendi başıma) **size ne zarar verme, ne de fayda sağlama gücüne sahibim. De ki: Beni Allah'**(ın azabın)**dan hiç kimse kurtaramaz.** (Azabından kaçıp) **sığınabileceğim başka bir yer de bulamam.**"[2]

Biz,

Elçilerin Allah'ın kulları olduklarına, Allah'ın, elçilik görevi vererek onları üstün kıldığına ve kulluk makamının en yücesiyle onları nitelendirdiğine inanırız.

Nitekim Allah Teâlâ elçilere övgüde bulunmuş ve onların ilki olan Nuh -aleyhisselâm- hakkında şöyle buyurmuştur:

$$ \left\{ ذُرِّيَّةَ مَنْ حَمَلْنَا مَعَ نُوحٍ إِنَّهُۥ كَانَ عَبْدًا شَكُورًا ۝ \right\} [سورة الإسراء الآية: ٣] $$

"(Ey Nuh ile birlikte (boğulmaktan kurtarıp gemi ile) **taşıdığımız kimselerin nesli!** (Allah'a ortak koşmayın. Nuh'u örnek alarak Allah'a şükredin). **Şüphesiz O,** (bütün azalarıyla Allah'a) **çok şükreden bir kul idi.**"[3]

Elçilerin sonuncusu Muhammed -sallallahu aleyhi ve sellem- hakkında ise şöyle buyurmuştur:

$$ \left\{ تَبَارَكَ ٱلَّذِى نَزَّلَ ٱلْفُرْقَانَ عَلَىٰ عَبْدِهِۦ لِيَكُونَ لِلْعَالَمِينَ نَذِيرًا ۝ \right\} $$

$$ [سورة الفرقان الآية : ١] $$

---

[1] A'râf Sûresi:188

[2] Cin Sûresi:21-22

[3] İsrâ Sûresi:3

"(Cinleri ve insanları, Allah'ın azabından sakındırmak için) Âlemlere uyarıcı olsun diye kuluna (Muhammed -sallallahu aleyhi ve sellem-) Furkân'ı indiren Allah'ın bereketi büyük, hayrı ise pek çoktur."[1]

Diğer elçiler hakkında ise şöyle buyurmuştur:

﴿ وَاذْكُرْ عِبَادَنَا إِبْرَاهِيمَ وَإِسْحَاقَ وَيَعْقُوبَ أُوْلِي الْأَيْدِي وَالْأَبْصَارِ ۝ ﴾

[سورة ص الآية: ٤٥]

"(Ey Nebi! Allah'a itaatte) güçlü ve (dîninde) basîretli kullarımız (ve elçilerimiz) İbrahim, İshak ve Yakub'u da hatırla."[2]

﴿ ... وَاذْكُرْ عَبْدَنَا دَاوُودَ ذَا الْأَيْدِ إِنَّهُ أَوَّابٌ ۝ ﴾ [سورة ص من الآية: ١٧]

"(Ey Nebi! Allah'ın düşmanlarına karşı) güçlü olan (ve Allah'a sabırla itaat eden) kulumuz Davud'u da hatırla. Şüphesiz O, hep Allah'a yönelirdi."[3]

﴿ وَوَهَبْنَا لِدَاوُودَ سُلَيْمَانَ نِعْمَ الْعَبْدُ إِنَّهُ أَوَّابٌ ۝ ﴾ [سورة ص الآية: ٣٠]

"Biz, Davud'a (ikramda bulunarak ona) Süleyman'ı bahşettik. Süleyman ne güzel bir kul idi. Şüphesiz O, hep Allah'a yönelirdi."[4]

Allah Teâlâ Meryem oğlu İsa hakkında da şöyle buyurmuştur:

﴿ إِنْ هُوَ إِلَّا عَبْدٌ أَنْعَمْنَا عَلَيْهِ وَجَعَلْنَاهُ مَثَلًا لِبَنِي إِسْرَائِيلَ ۝ ﴾

[سورة الزخرف الآية: ٥٩]

"(Elçilik vererek) kendisine ikramda bulunduğumuz ve (kudretimize delâlet etmesi için de) İsrâîloğullarına bir mûcize (ve ibret) kıldığımız O, (Meryem oğlu İsa) bir kuldan başka bir şey değildir."[5]

---

[1] Furkân Sûresi:1
[2] Sâd Sûresi:45
[3] Sâd Sûresi:17
[4] Sâd Sûresi:30
[5] Zuhruf Sûresi:59

Biz,

Allah Teâlâ'nın, elçilik görevini Muhammed -sallallahu aleyhi ve sellem-'in elçiliğiyle sona erdirdiğine ve onu, insanların hepsine birden elçi olarak gönderdiğine inanırız.

Nitekim Allah Teâlâ bu konuda şöyle buyurmuştur:

$$﴿ قُلْ يَا أَيُّهَا ٱلنَّاسُ إِنِّى رَسُولُ ٱللَّهِ إِلَيْكُمْ جَمِيعًا ٱلَّذِى لَهُۥ مُلْكُ ٱلسَّمَوَاتِ وَٱلْأَرْضِ لَا إِلَهَ إِلَّا هُوَ يُحْى وَيُمِيتُ فَـَٔامِنُواْ بِٱللَّهِ وَرَسُولِهِ ٱلنَّبِىِّ ٱلْأُمِّىِّ ٱلَّذِى يُؤْمِنُ بِٱللَّهِ وَكَلِمَتِهِۦ وَٱتَّبِعُوهُ لَعَلَّكُمْ تَهْتَدُونَ ۝ ﴾ [سورة الأعراف الآية: ١٥٨]$$

"(Ey elçi!) De ki: Ey İnsanlar! Şüphesiz ben, hepinize birden (gönderilmiş), göklerin ve yerin sahibi olan Allah'ın elçisiyim. O'ndan başka hak ilâh yoktur. O, diriltir ve öldürür. O halde, Allah'a ve O'nun sözlerine inanan, okuma-yazma bilmeyen nebi olan elçisine inanın. Ona uyun ki, hidâyete eresiniz."[1]

Biz,

Allah Teâla'nın, kulları için Muhammed -sallallahu aleyhi ve sellem-'in şerîatı olan İslâm dînini dîn olarak seçtiğine ve İslâm'dan başka bir dîni hiç kimseden kabul etmeyeceğine inanırız.

Nitekim Allah Teâlâ bu konuda şöyle buyurmuştur:

$$﴿ إِنَّ ٱلدِّينَ عِندَ ٱللَّهِ ٱلْإِسْلَمُ ... ﴾ \quad [سورة آل عمران من الآية:١٩]$$

"Şüphesiz Allah katındaki geçerli dîn, İslâm'dır."[2]

$$﴿ ... ٱلْيَوْمَ أَكْمَلْتُ لَكُمْ دِينَكُمْ وَأَتْمَمْتُ عَلَيْكُمْ نِعْمَتِى وَرَضِيتُ لَكُمُ ٱلْإِسْلَمَ دِينًا ... ﴾ [سورة المائدة من الآية: ٣]$$

---

[1] A'râf Sûresi: 158

[2] Âl-i İmrân Sûresi: 19

"Bugün sizin için dîninizi (İslâm'ı) **kemâle erdirdim,** (sizi cehâlet karanlığından İslâm nûruna çıkararak) **üzerinize olan nimetimi tamamladım ve dîn olarak size İslâm'ı seçtim."**[1]

﴾ وَمَنْ يَبْتَغِ غَيْرَ ٱلْإِسْلَٰمِ دِينًا فَلَنْ يُقْبَلَ مِنْهُ وَهُوَ فِي ٱلْآخِرَةِ مِنَ ٱلْخَٰسِرِينَ ۝ ﴿

[سورة آل عمران الآية: ٨٥]

"Kim, İslâm'dan başka bir dîn isterse, o dîn ondan asla kabul olunmayacaktır ve o, âhirette hüsrâna uğrayanlardan olacaktır."[2]

Biz,

Günümüzde, Allah nezdinde Yahûdîlik, Hıristiyanlık veya başka bir dîn gibi, İslâm dışında bir dînin geçerli olduğunu iddiâ edenin kâfir olduğunu biliriz. Ondan bu düşüncesinden derhal tevbe etmesi istenir. Tevbe etmezse, mürted (dînden dönmüş) olarak öldürülür. Çünkü o, Kur'ân'ı yalanlamış demektir.

Biz,

Muhammed -sallallahu aleyhi ve sellem-'in insanların hepsine birden elçi olarak gönderildiğini inkâr edenin, bütün elçileri, hatta kendisine inandığını ve tâbi olduğunu iddiâ ettiği kendi elçisini bile inkâr etmiş sayıldığını biliriz.

Nitekim Allah Teâlâ, Nuh -aleyhisselam-'ın kavmi hakkında şöyle buyurmuştur:

﴾ كَذَّبَتْ قَوْمُ نُوحٍ ٱلْمُرْسَلِينَ ۝ ﴿ [سورة الشعراء الآية: ١٠٥]

"Nûh'un kavmi, elçileri yalanladılar (inkâr ettiler)."[3]

---

[1] Mâide Sûresi:3

[2] Âl-i İmrân Sûresi:85

[3] Şuarâ Sûresi:105 (Böylece onlar, Nuh -aleyhisselâm-'ı yalanlamakla bütün elçileri yalanlamış oldular. Çünkü her elçi, kendisinden önceki elçilerin getirdiklerini tasdik etmekle emrolunmuştur.) Çeviren

Allah Teâlâ, Nuh -aleyhisselâm-'dan önce hiçbir elçi gelmemesine rağmen, Nuh -aleyhisselâm-'ın kavminin bütün elçileri yalanladıklarını belirtmiştir.

Başka bir âyette ise şöyle buyurmuştur:

﴿ إِنَّ ٱلَّذِينَ يَكْفُرُونَ بِٱللَّهِ وَرُسُلِهِۦ وَيُرِيدُونَ أَن يُفَرِّقُواْ بَيْنَ ٱللَّهِ وَرُسُلِهِۦ وَيَقُولُونَ نُؤْمِنُ بِبَعْضٍ وَنَكْفُرُ بِبَعْضٍ وَيُرِيدُونَ أَن يَتَّخِذُواْ بَيْنَ ذَٰلِكَ سَبِيلًا ۝ أُوْلَٰٓئِكَ هُمُ ٱلْكَٰفِرُونَ حَقًّا وَأَعْتَدْنَا لِلْكَٰفِرِينَ عَذَابًا مُّهِينًا ۝ ﴾ [سورة النساء: ١٥٠ - ١٥١]

"Allah'ı ve elçilerini inkâr edenler (Yahudi ve Hıristiyanlar, Allah'a inanıp elçilerinin hepsini veya bazısını inkâr ederek) **Allah ile elçilerin arasını açmak isterler ve 'biz bazı elçilere inanır, bazısını da inkâr ederiz' derler. Bununla,** (sapıklığa ve uydurdukları bid'âte) **yol bulmak isterler. İşte onlar, gerçek kâfirlerdir. Kâfirler için alçaltıcı bir azap hazırladık."**[1]

Biz,

Muhammed -sallallahu aleyhi ve sellem-'den sonra artık nebi ve rasûl elçi gelmeyeceğine inanırız. Kim, Muhammed -sallallahu aleyhi ve sellem-'den sonra elçilik iddiâsında bulunur veya elçilik iddiâsında bulunanı tasdik ederse, kâfir olur. Çünkü o, Allah'ı, elçisini ve müslümanların sözbirliğiyle ittifak ettikleri şeyleri yalanlamış sayılır.

Biz,

Nebi -sallallahu aleyhi ve sellem-'in râşid halîfeleri olduğuna, onların ilim, dâvet ve idâre bakımından Nebi -sallallahu aleyhi ve sellem-'in yerine mü'minlere halîfelik yaptıklarına, onların en fazîletlisi ve halîfeliğe en lâyık olanının sırasıyla Ebûbekir, Ömer, Osman ve Ali olduğuna inanırız. -Allah onların hepsinden râzı olsun-.

Onlar, fazîlet yönünden birbirlerinden farklı oldukları gibi halîfelikte de farklı konumdaydılar. Allah Teâlâ, yüce hikmeti gereği, dönemlerin en hayırlısı

---

[1] Nisâ Sûresi:150-151

olan sahâbe dönemine, o dönemde onlarla birlikte yaşamış ve halîfeliğe en lâyık olan kimseyi halîfe kılmıştır.

Biz,

Bir sahâbinin, fazîlet yönünden kendisinden daha üstün olan başka bir sahâbiye bazı hususlarda üstün olabileceğine, ancak kendisinden üstün olan sahâbiye mutlak anlamda üstün olamayacağına inanırız. Çünkü fazîleti gerektiren şeyler, çoktur ve farklıdır.

Biz,

Bu ümmetin,ümmetlerin en hayırlısı ve Allah katında en kıymetlisi olduğuna inanırız.

Nitekim Allah Teâlâ bu konuda şöyle buyurmuştur:

$$ \langle\!\langle \ \text{كُنْتُمْ خَيْرَ أُمَّةٍ أُخْرِجَتْ لِلنَّاسِ تَأْمُرُونَ بِالْمَعْرُوفِ وَتَنْهَوْنَ عَنِ الْمُنْكَرِ} $$
$$ \text{وَتُؤْمِنُونَ بِاللَّهِ ...} \ \rangle\!\rangle \ \text{[سورة آل عمران من الآية :١١٠]} $$

"(Ey Muhammed ümmeti!) **Siz, insanlar için çıkarılmış en hayırlı ümmetsiniz.** (Allah ve elçisinin emrettikleri) **iyiliği emreder,** (yasakladıkları) **kötülüğü de yasaklar ve Allah'a inanırsınız.**"[1]

Biz,

Bu ümmetin en hayırlısının sırasıyla sahâbe, tâbiîn, sonra da onlara tâbi olanlar olduklarına inanırız.

Yine, bu ümmetten bir tâifenin, hak üzere olacağına ve kıyâmete kadar düşmanlarına gâlip geleceğine, onlara düşmanlık edenlerin veya onlara aykırı hareket edenlerin kendilerine hiçbir zarar veremeyeceklerine inanırız.

Biz,

Sahâbe arasında vukû bulmuş olayların, içtihattaki bir yorumdan kaynaklandığına, içtihadında doğruyu bulanın iki, hata edenin ise bir ecir

---

[1] Âl-i İmrân Sûresi:110

kazandığına ve hata edenin hatasının Allah tarafından bağışlanmış olduğuna inanırız.

Biz,

Sahâbenin hata ve kusurlarını anmaktan uzak dururuz. Onları, hak ettikleri güzel bir övgüyle anar ve Allah Teâlâ'nın şu emri gereği kalplerimizi onlara kin duymaktan veya hasetten arındırırız.

﴿ ... لَا يَسْتَوِي مِنكُم مَّنْ أَنْفَقَ مِنْ قَبْلِ ٱلْفَتْحِ وَقَٰتَلَ أُوْلَٰٓئِكَ أَعْظَمُ دَرَجَةً مِّنَ ٱلَّذِينَ أَنْفَقُواْ مِنْ بَعْدُ وَقَٰتَلُواْ وَكُلًّا وَعَدَ ٱللَّهُ ٱلْحُسْنَىٰ ... ﴾ [سورة الحديد من الآية: ١٠]

"Sizden birisi, Mekke'nin fethinden önce (Allah yolunda) harcayan ve (kâfirlere karşı) savaşanlarla ecirde bir olamaz. Onlar, Mekke'nin fethinden sonra (Allah yolunda) harcayan ve (kâfirlere karşı) savaşanlardan, Allah katında derece bakımından daha üstündürler.Bununla birlikte Allah, her iki topluluğa da cenneti vâdetmiştir..."[1]

Allah Teâlâ bizim hakkımızda da şöyle buyurmuştur:

﴿ وَٱلَّذِينَ جَآءُو مِنْ بَعْدِهِمْ يَقُولُونَ رَبَّنَا ٱغْفِرْ لَنَا وَلِإِخْوَٰنِنَا ٱلَّذِينَ سَبَقُونَا بِٱلْإِيمَٰنِ وَلَا تَجْعَلْ فِي قُلُوبِنَا غِلًّا لِّلَّذِينَ ءَامَنُواْ رَبَّنَآ إِنَّكَ رَءُوفٌ رَّحِيمٌ ۝ ﴾

[سورة الحشر الآية: ١٠]

"Onlardan (Ensâr ve Muhâcirlerden) sonra gelenler (mü'minler) şöyle derler:Rabbimiz!Bizi ve bizden önce îmân eden kardeşlerimizi bağışla. Kalplerimizde onlara karşı kin (ve haset) bırakma! Rabbimiz! Şüphesiz sen, (kullarına) çok şefkâtlisin, (onlara) çok merhametlisin."[2]

---

[1] Hadîd Sûresi:10

[2] Haşr Sûresi:10

5. BÖLÜM

ÂHİRET GÜNÜNE ÎMÂN

Biz,

İnsanların Allah'ın huzurunda hesaba çekilmek için diriltilecekleri, ya nimetler yurdu olan cennet, ya da acıklı azap yurdu olan cehennemde kalacakları, o günden sonra başka bir gün olmayacak olan ve kıyâmet günü olarak da bilinen âhiret gününe inanırız.

Biz,

İsrafil -aleyhisselâm-'ın ikinci defa sûra üflemesiyle birlikte Allah Teâlâ'nın hesaba çekmek üzere bütün ölüleri dirilteceği ölümden sonraki dirilişe inanırız.

Nitekim Allah Teâlâ bu konuda şöyle buyurmuştur:

﴿ وَنُفِخَ فِي ٱلصُّورِ فَصَعِقَ مَن فِي ٱلسَّمَٰوَٰتِ وَمَن فِي ٱلْأَرْضِ إِلَّا مَن شَآءَ ٱللَّهُ ثُمَّ نُفِخَ فِيهِ أُخْرَىٰ فَإِذَا هُم قِيَامٌ يَنظُرُونَ ۝ ﴾ [سورة الزمر الآية: ٦٨]

"Sûra üflenince, Allah'ın (ölmemelerini) diledikleri müstesnâ, göklerde ve yerde ne varsa, hepsi ölecektir. Sonra ona (Sûra) bir defa daha üflenince, bir de ne görsünler, (Rablerinin huzurunda hesaba durmak için kabirlerinden) ayağa kalkmış (Rableri onlara ne yapacak diye) bakıyorlar!"[1]

İnsanlar, kabirlerinden yalınayak, üzerlerinde hiçbir elbise olmadan, anadan doğma ve sünnetsiz bir halde Âlemlerin Rabbinin huzurunda hesaba duracaklardır.

Nitekim Allah Teâlâ bu konuda şöyle buyurmuştur:

---

[1] Zümer Sûresi: 68

﴾ ... كَمَا بَدَأْنَا أَوَّلَ خَلْقٍ نُعِيدُهُ وَعْدًا عَلَيْنَا إِنَّا كُنَّا فَاعِلِينَ ﴿١٠٤﴾ ﴾

[سورة الأنبياء من الآية: ١٠٤]

"(Kıyâmet günü insanı) tıpkı ilk defa yarattığımız gibi onu (anasından yeni doğduğu gün gibi) yeniden diriltiriz. Bunu yerine getirmeyi gerçekten vadettik. Bir şeyi vadettiğimiz zaman (onu mutlaka) yerine getiririz."[1]

Biz,

Amel defterlerinin insanların sağ taraflarından veya arkalarının solundan verildiğine inanırız.

Nitekim Allah Teâlâ bu konuda şöyle buyurmuştur:

﴾ فَأَمَّا مَنْ أُوتِيَ كِتَابَهُ بِيَمِينِهِ ﴿٧﴾ فَسَوْفَ يُحَاسَبُ حِسَابًا يَسِيرًا ﴿٨﴾ وَيَنْقَلِبُ إِلَى أَهْلِهِ مَسْرُورًا ﴿٩﴾ وَأَمَّا مَنْ أُوتِيَ كِتَابَهُ وَرَاءَ ظَهْرِهِ ﴿١٠﴾ فَسَوْفَ يَدْعُوا ثُبُورًا ﴿١١﴾ وَيَصْلَى سَعِيرًا ﴿١٢﴾ ﴿ [سورة الانشقاق الآيات: ٧-١٢]

"Kimin kitabı (amel defteri) sağından verilirse (ki o, mü'mindir), kolay bir şekilde hesaba çekilecek ve (cennetteki) ehline sevinç içerisinde dönecektir. Kimin de kitabı arkasından verilirse (ki o, kâfirdir), derhal yok olmayı dileyecek ve ateşe girecektir."[2]

Başka bir âyette ise şöyle buyurmuştur:

﴾ وَكُلَّ إِنْسَانٍ أَلْزَمْنَاهُ طَائِرَهُ فِي عُنُقِهِ وَنُخْرِجُ لَهُ يَوْمَ الْقِيَامَةِ كِتَابًا يَلْقَاهُ مَنْشُورًا ﴿١٣﴾ اقْرَأْ كِتَابَكَ كَفَى بِنَفْسِكَ الْيَوْمَ عَلَيْكَ حَسِيبًا ﴿١٤﴾ ﴿ [سورة الإسراء: ١٣-١٤]

"Her insanın (iyi veya kötü) işlediği amelini kendisiyle beraber kıldık (ne o başkasının işlediği amelle, ne de başkası onun işlediği amelle hesaba çekilir). Kıyâmet günü insanın (amellerini kaydedilmiş olarak göreceği) bir

---

[1] Enbiyâ Sûresi: 104

[2] İnşikâk Sûresi: 7-12

kitabı (amel defterini) önüne açılmış olarak çıkarırız. (Ona şöyle denecektir:) Kitabını (amel defterini) oku. (Dünyada iken okuma bilmez idiyse de bugün kitabını okuyacaktır). Bugün hesap sormak (dünyada yaptıklarını tek tek saymak) için, nefsin sana yeter."[1]

Biz,

Amellerinin tartılacağı mîzânın (terâzinin) kıyâmet günü ortaya konulacağına ve hiç kimsenin (zerre miktarı) haksızlık görmeyeceğine inanırız.

Nitekim Allah Teâlâ bu konuda şöyle buyurmuştur:

﴿ فَمَن يَعْمَلْ مِثْقَالَ ذَرَّةٍ خَيْرًا يَرَهُ ۝ وَمَن يَعْمَلْ مِثْقَالَ ذَرَّةٍ شَرًّا يَرَهُ ۝ ﴾

[سورة الزلزلة الآيتان:٧- ٨]

"Kim, zerre miktârı iyilik yapmış ise, (âhirette) karşılığını (sevâbını) görecektir. Kim de zerre miktârı kötülük yapmış ise, karşılığını (cezâsını) görecektir."[2]

Başka bir âyette şöyle buyurmuştur:

﴿ فَمَن ثَقُلَتْ مَوَازِينُهُ فَأُوْلَٰئِكَ هُمُ ٱلْمُفْلِحُونَ ۝ وَمَنْ خَفَّتْ مَوَازِينُهُ فَأُوْلَٰئِكَ ٱلَّذِينَ خَسِرُوٓاْ أَنفُسَهُمْ فِي جَهَنَّمَ خَٰلِدُونَ ۝ تَلْفَحُ وُجُوهَهُمُ ٱلنَّارُ وَهُمْ فِيهَا كَٰلِحُونَ ۝ ﴾ [سورة المؤمنون الآيات :١٠٢-١٠٤]

"Kimlerin (sevapları) mîzânda ağır basarsa, işte (cenneti kazanarak) kurtuluşa erenler, onların ta kendileridir. Kimlerin de mîzânda (sevapları) hafif gelirse (ve günahları ağır basarsa), işte nefislerine yazık ederek cehennemde kalacak olanlar onlardır. (Cehennemde) ateş yüzlerini yaktıkça orada (dudakları büzüşmüş ve dişleri dışarı fırlamış bir halde) suratları asık olurlar."[3]

---

[1] İsrâ Sûresi:13-14

[2] Zelzele Sûresi:7-8

[3] Mu'minûn Sûresi:102-104

Yine başka bir âyette şöyle buyurmuştur:

﴿ مَن جَآءَ بِٱلْحَسَنَةِ فَلَهُۥ عَشْرُ أَمْثَالِهَاۖ وَمَن جَآءَ بِٱلسَّيِّئَةِ فَلَا يُجْزَىٰٓ إِلَّا مِثْلَهَا وَهُمْ لَا يُظْلَمُونَ ۝ ﴾ [سورة الأنعام الآية: ١٦٠]

"Kim, (kıyâmet günü Rabbinin huzuruna) bir iyilikle gelirse, ona getirdiğinin on katı (iyilik) vardır. Kim de bir kötülükle gelirse, o sadece getirdiğinin (günahının) dengiyle cezâlandırılır. Onlar (zerre kadar) haksızlığa uğratılmazlar."[1]

Biz,

Rasûlullah -sallallahu aleyhi ve sellem-'in kendisine has olan büyük şefaatine inanırız. İnsanlar, kıyâmet günü dayanılamayacak kadar büyük bir sıkıntı ve kederle karşılaşınca, kendilerine şefaatçi olması için sırasıyla Âdem, Nuh, sonra İbrahim, Musa, İsa ve son olarak Muhammed'e gelirler. -Allah'ın salât ve selâmı hepsinin üzerine olsun-.

Muhammed -sallallahu aleyhi ve sellem-, -Allah'ın izniyle- Allah'ın kulları arasında hüküm vermek için onlara Allah Teâlâ'nın huzurunda şefaatçi olacaktır.

Biz,

Nebimiz Muhammed -sallallahu aleyhi ve sellem- ile nebi ve elçiler; cehenneme giren mü'minlere -Allah'ın izniyle- şefaat edip onları cehennemden çıkaracaklarına inanırız.

Biz,

Allah Teâlâ'nın şefaate gerek duymadan da lütuf ve rahmetiyle îmân eden birçok topluluğu cehennemden çıkaracağına inanırız.

---

[1] En'âm Sûresi: 160

Biz,

Rasûlullah -sallallahu aleyhi ve sellem-'in (kıyâmet günü) havzının olacağına, suyunun sütten daha beyaz, tadının baldan daha tatlı, kokusunun miskten daha güzel, eni ve boyunun bir aylık yol mesafesi kadar geniş, taslarının gökteki yıldızlar kadar güzel ve çok olacağına, ümmetinden yalnızca mü'min olanların ondan içeceğine ve ondan bir defa içenin, bir daha susamayacağına inanırız.

Biz,

Kıyâmet günü cehennemin üzerine kurulacak olan Sırat köprüsüne inanırız. İnsanlar, sırat köprüsünün üzerinden amellerine göre geçeceklerdir. İlk topluluk yıldırım gibi, ikinci topluluk rüzgâr gibi, üçüncü topluluk kuşlar gibi, sonraki topluluk ise normal adımlarla Sırat'tan geçeceklerdir.

Nebi -sallallahu aleyhi ve sellem- Sırat köprüsünün üzerinde duracak ve şöyle diyecektir:

"Yâ Rabbi! Bizi, (Sırat köprüsünün âfetinden kurtarıp onun korkusundan) **emîn eyle."**

Kulların işleri bitince, onlardan sonra sürünerek başka bir topluluk gelecektir. Sırat köprüsünün her iki tarafında kendilerine emredileni yakalamak için asılı demir kancalar bulunacaktır. Kancaların yakaladıkları cehenneme atılacak, yakalamadıkları ise kurtulacaklardır.

Biz,

Kur'ân ve sünnette kıyâmet günü ve onun dehşeti hakkında haber verilen her şeye inanırız. Allah Teâlâ, o günün dehşetinden selâmette olma hususunda bize yardım etsin. (Âmîn)

Biz,

Nebi -sallallahu aleyhi ve sellem-'in, cennete girmesi için cennet ehline şefaat edeceğine ve bu şefaatin (diğer elçiler içerisinde) sadece O'na özel olduğuna inanırız.

Biz,

Cennet ve cehenneme inanırız. Cennet, Allah'ın muttakî mü'minler için hazırladığı nimetler yurdudur. Orada hiçbir gözün görmediği, hiçbir kulağın işitmediği ve hiç kimsenin aklına gelmeyen nimetler vardır.

Nitekim Allah Teâlâ bu konuda şöyle buyurmuştur:

﴿ فَلَا تَعْلَمُ نَفْسٌ مَّا أُخْفِيَ لَهُم مِّن قُرَّةِ أَعْيُنٍ جَزَاءً بِمَا كَانُواْ يَعْمَلُونَ ۝ ﴾

[سورة السجدة الآية: ١٧]

"Yaptıkları (sâlih) amellerine karşılık olarak, onlar (mü'minler) için (onların hoşuna gidecek) ne mutluluklar saklandığını hiç kimse bilemez."[1]

Cehennem ise, Allah Teâlâ'nın zâlim kâfirler için hazırladığı azap yurdudur. Orada akla gelmeyen azap ve işkenceler vardır.

Nitekim Allah Teâlâ bu konuda şöyle buyurmuştur:

﴿ وَقُلِ الْحَقُّ مِن رَّبِّكُمْ فَمَن شَاءَ فَلْيُؤْمِن وَمَن شَاءَ فَلْيَكْفُرْ إِنَّا أَعْتَدْنَا لِلظَّالِمِينَ نَارًا أَحَاطَ بِهِمْ سُرَادِقُهَا وَإِن يَسْتَغِيثُواْ يُغَاثُواْ بِمَاءٍ كَالْمُهْلِ يَشْوِى الْوُجُوهَ بِئْسَ الشَّرَابُ وَسَاءَتْ مُرْتَفَقًا ۝ ﴾ [سورة الكهف من الآية: ٢٩]

"Muhakkak ki biz, kâfirlere öyle (şiddetli) bir ateş hazırladık ki, onun duvarları onları (kâfirleri) çepeçevre kuşatmıştır. (Kâfirler, cehennemde şiddetli susuzluktan dolayı su istemek için) imdât dileyecek olsalar, onlara erimiş maden gibi yüzlerini haşlayan bir su getirilir. (Susuzluğu gidermeyip bilakis arttıran) bu içecek, ne kötü içecek, (cehennem de) ne kötü kalınacak yerdir."[2]

---

[1] Secde Sûresi:17

[2] Kehf Sûresi:29

Cennet ve cehennem şu an vardır, ebediyyen de yok olmayacaktır.

Nitekim Allah Teâlâ cennet hakkında şöyle buyurmuştur:

﴿ ... وَمَن يُؤْمِنْ بِٱللَّهِ وَيَعْمَلْ صَلِحًا يُدْخِلْهُ جَنَّتٍ تَجْرِى مِن تَحْتِهَا ٱلْأَنْهَـٰرُ خَـٰلِدِينَ فِيهَآ أَبَدًا قَدْ أَحْسَنَ ٱللَّهُ لَهُۥ رِزْقًا ﴾ [سورة الطلاق من الآية: ١١]

"Kim, Allah'a îmân eder ve sâlih amel işlerse, Allah onu (ağaçlarının) altlarından ırmaklar akan cennetlere girdirir. Onlar orada ebedî olarak kalıcıdırlar. Allah, gerçekten ona (cennette) güzel bir rızık vermiştir."[1]

Cehennem hakkında ise şöyle buyurmuştur:

﴿ إِنَّ ٱللَّهَ لَعَنَ ٱلْكَٰفِرِينَ وَأَعَدَّ لَهُمْ سَعِيرًا ۝ خَٰلِدِينَ فِيهَآ أَبَدًا لَّا يَجِدُونَ وَلِيًّا وَلَا نَصِيرًا ۝ يَوْمَ تُقَلَّبُ وُجُوهُهُمْ فِى ٱلنَّارِ يَقُولُونَ يَٰلَيْتَنَآ أَطَعْنَا ٱللَّهَ وَأَطَعْنَا ٱلرَّسُولَا۟ ﴾

[سورة الأحزاب: ٦٤-٦٦]

"Muhakkak ki Allah, kâfirleri (dünya ve âhirette) rahmetinden kovmuş ve (âhirette) onlara azgın bir ateş hazırlamıştır. Onlar orada ebedî kalıcıdırlar. Ne (kendilerini savunacak) bir dost, ne de (kendilerini ateşten çıkarmaya) yardım edecek birisini bulacaklardır. (Kâfirlerin) yüzleri ateşte evirilip çevrildiği gün (pişman olmuş bir halde:) Keşke (dünyada) Allah'a ve elçisine itaat etseydik (de cennet ehli olsaydık) diyeceklerdir."[2]

Kur'ân ve sünnetin bizzat isimlerini veya vasıflarını belirterek cennetlik olduklarına şâhitlik ettiği kimselerin, biz de cennetlik olduklarına şâhitlik ederiz.

Ebû Bekir, Ömer, Osman, Ali -Allah onlardan râzı olsun- ve bazı sahâbenin cennetlik olduklarına bizzat Nebi -sallallahu aleyhi ve sellem- şâhitlik etmiştir.

Kur'ân ve sünnetin, mü'min ve muttakî olarak vasfettiği herkesin cennetlik olduğuna şâhitlik ederiz.

---

[1] Talâk Sûresi:11

[2] Ahzâb Sûresi:64-66

Kur'ân ve sünnetin isimlerini veya vasıflarını belirtip cehennemlik olduklarına şâhitlik ettiği kimselerin, biz de cehennemlik olduklarına şâhitlik ederiz.

Kur'ân ve sünnet, Ebu Leheb ve Amr b. Luhayy gibi kimselerin bizzat cehennemlik olduklarına şâhitlik etmiştir.

Kur'an ve sünnet; kâfir, müşrik ve münâfık olarak vasfettiği herkesin cehennemlik olduklarına şâhitlik etmiştir.

Biz,

Ölünün, kabre konulduktan sonra Rabbi, dîni ve nebisi hakkında sorgulanacağı kabir fitnesine inanırız.

Nitekim Allah Teâlâ bu konuda şöyle buyurmuştur:

$$ \text{﴿ يُثَبِّتُ ٱللَّهُ ٱلَّذِينَ ءَامَنُواْ بِٱلْقَوْلِ ٱلثَّابِتِ فِي ٱلْحَيَوٰةِ ٱلدُّنْيَا وَفِي ٱلْأَخِرَةِ وَيُضِلُّ ٱللَّهُ ٱلظَّـٰلِمِينَ وَيَفْعَلُ ٱللَّهُ مَا يَشَآءُ ﴾ [سورة إبراهيم الآية: ٢٧]} $$

"Allah, îmân edenleri hem dünya, hem de âhiret hayatında hak ve kalıcı söz ile sapasağlam tutar. Zâlimleri ise, (dünya ve âhiret hayatında haktan) saptırır. Allah, dilediğini yapar."[1]

Mü'min kimse; "Rabbim Allah, dînim İslâm ve nebim Muhammed -sallallahu aleyhi ve sellem-" diyecektir.

Kâfir ve münâfık kimse ise;"Bilmiyorum, insanların bir şeyler söylediklerini işittim. Ben de öyle dedim" diyecektir.

Biz,

Allah Teâlâ'nın kabir hayatında mü'minler için hazırladığı kabir nimetlerine inanırız.

Nitekim Allah Teâlâ bu konuda şöyle buyurmuştur:

---

[1] İbrâhîm Sûresi:27

﴿ ٱلَّذِينَ تَتَوَفَّىٰهُمُ ٱلْمَلَٰئِكَةُ طَيِّبِينَ يَقُولُونَ سَلَٰمٌ عَلَيْكُمُ ٱدْخُلُوا۟ ٱلْجَنَّةَ بِمَا كُنتُمْ تَعْمَلُونَ ۝ ﴾ [سورة النحل الآية: ٣٢]

"Onlar, meleklerin canlarını (kalpleri küfürden temiz bir halde) aldığı ve kendilerine; 'Selâm olsun size, (dünyada) yapmış olduğunuz (sâlih) amellerinize karşılık cennete girin' diyeceği kimselerdir."[1]

Biz,

Allah Teâlâ'nın kabir hayatında zâlim kâfirler için hazırladığı kabir azabına inanırız.

Nitekim Allah Teâlâ bu konuda şöyle buyurmuştur:

﴿ ... وَلَوْ تَرَىٰ إِذِ ٱلظَّٰلِمُونَ فِى غَمَرَٰتِ ٱلْمَوْتِ وَٱلْمَلَٰئِكَةُ بَاسِطُوٓا۟ أَيْدِيهِمْ أَخْرِجُوٓا۟ أَنفُسَكُمُ ٱلْيَوْمَ تُجْزَوْنَ عَذَابَ ٱلْهُونِ بِمَا كُنتُمْ تَقُولُونَ عَلَى ٱللَّهِ غَيْرَ ٱلْحَقِّ وَكُنتُمْ عَنْ ءَايَٰتِهِۦ تَسْتَكْبِرُونَ ۝ ﴾ [سورة الأنعام الآية: ٩٣]

"(Ey Nebi!) O zâlimleri, ölümün korkunç dehşetiyle boğuşurlarken, (canlarını alacak olan) melekler de ellerini uzatmış bir halde onlara: 'Haydi düştüğünüz şu durumdan kendinizi kurtarın![2] Allah'a karşı gerçek olmayanı söylemenizden (iftira etmenizden) dolayı bugün en alçaltıcı azapla cezâlandırılacaksınız' derken onların halini bir görmüş olsaydın."[3]

Bu konuda rivâyet edilen birçok hadis bilinmektedir. Bundan dolayı mü'mine düşen görev; Kur'ân ve sünnetin, gayba ilişkin konularda haber verdiği her şeye inanması, bu konuları dünyada görülen şeylerle kıyaslayıp onlara itiraz etmemesi gerekir. Çünkü âhiretle ilgili konuların, her ikisi arasındaki

---

[1] Nahl Sûresi:32

[2] Âyetin bu kısmına şu anlam da verilebilir: "(Canlarını alacak olan) melekler ellerini uzatmış bir halde onlara: 'Haydi kendinizi elimizden kaçırıp canlarınızı azaptan kurtarın da görelim." Ya da "Rûhlarınızı bedenlerinizden çıkarıp bize teslim edin ki canlarınızı alalım." (Çeviren)

[3] En'âm Sûresi:93

belirgin büyük farktan dolayı dünyadaki şeylerle kıyaslanması mümkün değildir.

Yalnızca Allah Teâlâ'dan yardım dileriz.

6.BÖLÜM

KAZÂ VE KADERE ÎMÂN

Biz,

Allah Teâlâ'nın ezelî ilmi ve yüce hikmeti gereği, kâinat hakkında takdir ettiği kaderin hayır ve şerrine inanırız.

Kaderin dört mertebesi vardır:

Birinci Mertebe: İlim

Biz,

Allah Teâlâ'nın her şeyi hakkıyla bildiğine inanırız. O, geçmişte olmuş olanla gelecekte olacak olanı, onun nasıl olacağını, ezelî ve ebedî ilmiyle bilir.O'nun bir şeyi bilmiyor iken bilir hâle gelmesi veya biliyorken unutması söz konusu olamaz.

İkinci Mertebe: Kitâbe (yazmak)

Biz,

Allah Teâlâ'nın kıyâmet gününe kadar olacak şeyleri Levh-i Mahfûz'da yazdığına inanırız.

Nitekim Allah Teâlâ bu konuda şöyle buyurmuştur:

$$﴿ أَلَمْ تَعْلَمْ أَنَّ اللّٰهَ يَعْلَمُ مَا فِي السَّمَآءِ وَالْأَرْضِ إِنَّ ذَٰلِكَ فِي كِتَابٍ إِنَّ ذَٰلِكَ عَلَى اللّٰهِ يَسِيرٌ ۝ ﴾ [سورة الحج الآية: ٧٠]$$

"(Ey Nebi!) Allah'ın, gökte ve yerde ne varsa (hepsini tam bir ilimle) bildiğini bilmez misin? Bu, bir kitapta (Levh-i Mahfûz'da yazılı)dır. Bu (ilme sâhip olmak, kendisini hiçbir şeyin âciz bırakamadığı) Allah için çok kolaydır."[1]

---

[1] Hac Sûresi:70

Üçüncü Mertebe: Meşîet (dileme)

Biz,

Allah Teâlâ'nın, göklerde ve yerde olan her şeyi dilediğine, O'nun irâdesi olmadan hiçbir şeyin olmayacağına, dilediği şeyin olduğuna ve dilemediği şeyin de olmayacağına inanırız.

Dördüncü Mertebe: Yaratma

Biz,

Her şeyi yaratanın Allah Teâlâ olduğuna, göklerin ve yerin hazînelerinin O'nun elinde olduğuna inanırız.

Nitekim Allah Teâlâ bu konuda şöyle buyurmuştur:

﴿ ٱللَّهُ خَٰلِقُ كُلِّ شَىْءٍ ۖ وَهُوَ عَلَىٰ كُلِّ شَىْءٍ وَكِيلٌ ۝ لَّهُۥ مَقَالِيدُ ٱلسَّمَٰوَٰتِ وَٱلْأَرْضِ... ﴾ [سورة الزمر من الآيتين: ٦٢-٦٣]

"Allah, her şeyin yaratıcısıdır. O her şeye vekîldir. Göklerin ve yerin (hazînelerinin) anahtarları, O'nundur."[1]

Bu dört mertebe, Allah Teâlâ'nın bütün yarattıklarını kapsadığı gibi, kulların yaptıklarını da kapsar. Kulların söylemiş oldukları sözlerin, yapmış oldukları şeylerin veya yapmayıp terk ettikleri şeylerin hepsi, Allah tarafından bilinmekte ve O'nun katında yazılı bulunmaktadır. Bütün bunları O dilemiş ve yaratmıştır.

Nitekim Allah Teâlâ bu konuda aşağıdaki âyetlerde şöyle buyurmuştur:

﴿ لِمَن شَآءَ مِنكُمْ أَن يَسْتَقِيمَ ۝ وَمَا تَشَآءُونَ إِلَّآ أَن يَشَآءَ ٱللَّهُ رَبُّ ٱلْعَٰلَمِينَ ۝ ﴾

[سورة التكوير الآيتان: ٢٨- ٢٩]

---

[1] Zümer Sûresi:62-63

"(Bu Kur'ân) Sizden, doğru yolda (îmân üzere) gitmek isteyenler için (bu bir öğüttür). Âlemlerin Rabbi Allah dilemedikçe siz hiçbir şey dileyemezsiniz (ne doğru yolda gidebilir, ne de ona gücünüz yeter)."[1]

﴿ ... وَلَوْ شَآءَ ٱللَّهُ مَا ٱقْتَتَلُواْ وَلَٰكِنَّ ٱللَّهَ يَفْعَلُ مَا يُرِيدُ ۝ ﴾

[سورة البقرة من الآية: ٢٥٣]

"Eğer Allah dileseydi, onlar birbirlerini öldürmezlerdi. Fakat Allah dilediğini yapar."[2]

﴿ ... وَلَوْ شَآءَ ٱللَّهُ مَا فَعَلُوهُ فَذَرْهُمْ وَمَا يَفْتَرُونَ ۝ ﴾

[سورة الأنعام من الآية: ١٣٧]

"Allah (yapmamalarını) dileseydi, onlar bunu yapamazlardı. (Fakat Allah, onların âkibetlerini bildiği için böyle takdir buyurdu). (Ey Nebi!) Onları iftirâ ettikleri şeyle baş başa bırak! (Zirâ Allah, kıyâmet günü seninle onlar arasında hükmünü verecektir)."[3]

﴿وَٱللَّهُ خَلَقَكُمْ وَمَا تَعْمَلُونَ ۝﴾ [سورة الصافات الآية: ٩٦]

"Allah, sizi de, yaptıklarınızı da yaratmıştır."[4]

Biz,

Bununla birlikte Allah Teâlâ'nın kuluna seçme hakkı ve güç verdiğine, fiilin bizzat bu ikisiyle gerçekleştiğine inanırız.

Kulun yaptığı fiilin, onun seçimi ve gücüyle olduğuna delâlet eden birçok âyet vardır.

---

[1] Tekvîr Sûresi: 28-29

[2] Bakara Sûresi: 253

[3] En'âm Sûresi: 137

[4] Sâffât Sûresi: 96

Birincisi:

$$﴿ نِسَاؤُكُمْ حَرْثٌ لَكُمْ فَأْتُواْ حَرْثَكُمْ أَنَّىٰ شِئْتُمْ ...﴾$$

[سورة البقرة من الآية: ٢٢٣]

"Kadınlarınız sizin için bir tarladır. O halde tarlanıza nasıl dilerseniz öyle girin (çocuk doğurdukları yerden -vagina- olmak kaydıyla kadınlarınızla dilediğiniz şekilde birleşin)."[1]

$$﴿ ۞ وَلَوْ أَرَادُواْ ٱلْخُرُوجَ لَأَعَدُّواْ لَهُۥ عُدَّةً وَلَٰكِن كَرِهَ ٱللَّهُ ٱنۢبِعَاثَهُمْ فَثَبَّطَهُمْ وَقِيلَ ٱقْعُدُواْ مَعَ ٱلْقَٰعِدِينَ ۝ ﴾$$ [سورة التوبة الآية: ٤٦]

"(Ey Nebi!) Eğer onlar (münâfıklar) seninle birlikte savaşa çıkmak isteselerdi, elbette bunun için hazırlık yaparlardı.Fakat Allah, (münâfıkların seninle beraber savaşa) çıkmalarını çirkin gördü. Bundan dolayı onları (savaştan) geri bıraktı.Onlara; oturan (hastalar, âcizler, kadınlar ve çocuklar)la beraber oturun, denildi."[2]

Allah Teâlâ, bu iki âyette kulunun eşiyle birleşmesini de savaşa hazırlık yapmasını da kulunun kendi irâdesiyle olduğunu belirtmiştir.

İkincisi:

Allah Teâlâ'nın kuluna bir şeyi emretmesi veya kulunu o şeyden yasaklaması.

Eğer kulun bu konuda seçme hakkı ve gücü olmasaydı, bu onun kaldıramayacağı bir sorumluluk olurdu ki, bu durum Allah Teâlâ'nın hikmetine, rahmetine ve şu âyette haber verdiği doğru sözüne ters düşerdi:

$$﴿ لَا يُكَلِّفُ ٱللَّهُ نَفْسًا إِلَّا وُسْعَهَا ... ﴾$$ [سورة البقرة من الآية: ٢٨٦]

---

[1] Bakara Sûresi:223

[2] Tevbe Sûresi:46

"Allah, herkesi ancak gücünün yettiği kadarıyla sorumlu tutar (gücünün yetmeyeceği bir şeyle sorumlu tutmaz)."[1]

Üçüncüsü:

İyilik yapanın, yaptığı iyiliğe karşılık övülmesi, kötülük yapanın da yaptığı kötülükten dolayı kınanması ve herkesin hak ettiğini alacak olması.

Eğer kulun fiili, kendi hür irâde ve tercihiyle olmasa idi, Allah Teâlâ'nın iyilik yapanı övmesi abes, kötülük yapanı da cezâlandırması zulûm olurdu ki, Allah Teâlâ abesle uğraşmaktan ve zulmetmekten münezzehtir.

Dördüncüsü:

İnsanların, kıyâmet günü Allah'a karşı (özür olarak ileri sürebilecekleri) bir gerekçeleri olmasın diye Allah Teâlâ, müjdeleyici ve uyarıcı elçiler göndermiştir.

Nitekim Allah Teâlâ bu konuda şöyle buyurmuştur:

$$﴿ رُسُلًا مُبَشِّرِينَ وَمُنذِرِينَ لِئَلَّا يَكُونَ لِلنَّاسِ عَلَى اللَّهِ حُجَّةٌ بَعْدَ الرُّسُلِ وَكَانَ اللَّهُ عَزِيزًا حَكِيمًا ﴾ [سورة النساء الآية: ١٦٥]$$

"İnsanların, (kıyâmet günü) elçilerden sonra Allah'a karşı bir özür beyan etmemeleri için, (sevabımı) müjdeleyici ve (azabımdan da) uyarıcı olsunlar diye elçiler (gönderdik). Allah, (mülkünde) güçlüdür, hikmet sahibidir."[2]

Eğer kulun fiili, kendi hür irâde ve tercihiyle olmasa idi, Allah Teâlâ'nın elçiler göndermesinin gerekçesi boşa çıkardı (hiçbir anlamı olmazdı).

Beşincisi:

Her insan, bir işi yaptığında veya yapmadığında hiçbir zorlama olmadan hareket ettiğini hisseder. Ayağa kalkar, oturur, girer, çıkar, yolculuğa çıkar veya çıkmaz. Bunların hepsini kendi irâdesi ile yapar. Bunları yaparken de hiç

---

[1] Bakara Sûresi:286

[2] Nisâ Sûresi:165

kimsenin kendisini zorladığını hissetmez.Aksine bir işi kendi hür irâde ve tercihiyle yapan kimseyle kendisine zorla yaptıranı kolayca ayırt edebilir.

Aynı şekilde dinimiz de bu ikisi arasında hikmetli bir şekilde ayırım yapmıştır. Nitekim Allah Teâlâ, haklarını, kendi iradesi dışında bir başkasının zoruyla çiğnemek zorunda kalan kulunu bu durumdan sorumlu tutmamıştır.

Biz,

Allah Teâlâ'nın kaderini gerekçe göstererek isyân eden kimsenin isyânında hiçbir haklılık payının olmadığını biliriz. Çünkü günah işleyen kimse, Allah Teâlâ'nın kendisi hakkında ne takdir ettiğini bilemeden kendi tercihiyle günah işler.Bu sebeple bir kimse, Allah Teâlâ'nın kendisi hakkında ne takdir ettiğini, ancak vukû bulduktan sonra öğrenir.

Nitekim Allah Teâlâ bu konuda şöyle buyurmuştur:

﴿ ... وَمَا تَدْرِى نَفْسٌ مَّاذَا تَكْسِبُ غَدًا ... ﴾ [سورة لقمان من الآية: ٣٤]

"Hiç kimse yarın ne kazanacağını bilemez..."[1]

İnsanın,bir işi yaptıktan sonra bilmediği bir gerekçeyi özür beyan etmesi hiç doğru olur mu?

Nitekim Allah Teâlâ bu gerekçeyi boşa çıkararak şöyle buyurmuştur:

﴿ سَيَقُولُ ٱلَّذِينَ أَشْرَكُوا لَوْ شَآءَ ٱللَّهُ مَآ أَشْرَكْنَا وَلَآ ءَابَآؤُنَا وَلَا حَرَّمْنَا مِن شَيْءٍ كَذَٰلِكَ كَذَّبَ ٱلَّذِينَ مِن قَبْلِهِم حَتَّىٰ ذَاقُوا بَأْسَنَا قُلْ هَلْ عِندَكُم مِّنْ عِلْمٍ فَتُخْرِجُوهُ لَنَآ إِن تَتَّبِعُونَ إِلَّا ٱلظَّنَّ وَإِنْ أَنتُمْ إِلَّا تَخْرُصُونَ ۝ ﴾ [سورة الأنعام الآية: ١٤٨]

"Allah'a şirk koşanlar diyeceklerdir ki: 'Eğer Allah dileseydi ne biz şirk koşardık, ne de babalarımız. Hiçbir şeyi de kendimize haram kılmazdık.' Onlardan öncekiler de aynı şekilde (elçilerini) yalanladılar ve bunun sonucunda da azabımızı tattılar. (Ey Nebi! Onlara) De ki: Yanınızda (haram kıldığınız hayvanlarla ekinleri, Allah'ın kâfir olmanızı dileyip sizin kâfir olmanıza

---

râzı olduğunu ve küfrü size sevdirdiğini iddiâ ettiğinizi) **bize açıklayacağınız bir bilgi mi var? Siz,** (bu dîn hakkında) **zandan başka bir şeye uymuyorsunuz ve siz sadece yalan söylüyorsunuz."**[1]

Kaderi gerekçe gösterip günah işleyene deriz ki:

Allah Teâlâ senin hakkında itaati takdir ettiği halde niçin itaatte bulunmadın? Çünkü belli olmadan önce takdir olunan şey bilinmediği için itaatle günah arasında hiçbir fark yoktur. Bu nedenle Nebi -sallallahu aleyhi ve sellem-, Allah Teâlâ'nın herkese cennet ve cehennemde kalacağı yeri yazdığını ashâbına haber verince, ashâbı ona:

"O halde (Allah'a) **tevekkül edip çalışmayı bırakalım mı?** dediler.

Bunun üzerine Nebi -sallallahu aleyhi ve sellem- onlara şöyle buyurdu:

-Hayır, çalışın. Zirâ herkes kendisi için takdir olunanı yapmaya kolaylık bulacaktır."

Kaderi gerekçe gösterip günah işleyene deriz ki:

Örneğin Mekke'ye gitmek istiyorsun ve gitmek için de iki yolun olduğunu, bu iki yolun birisinin korkunç ve zor olduğunu, diğerinin ise emniyetli ve kolay olduğunu doğru sözlü birisi sana söylese, sen ikinci yolu seçersin.Benim için bu yol takdir edildi diyerek birinci yolu seçmen mümkün değildir. Böyle yapacak olursan, insanlar senin deli olduğunu söylerler.

Kaderi gerekçe gösterip günah işleyene deriz ki:

Sana iki vazife takdim edilse ve birinin maaşı diğerinden daha yüksek olsa, tabiî ki sen maaşı daha yüksek olan vazifeyi seçersin. O halde nasıl olur da âhiretle ilgili daha az olan ameli kendin için tercih edip kaderi gerekçe gösterebilirsin?

Kaderi gerekçe gösterip günah işleyene deriz ki:

---

[1] En'âm Sûresi:148

Hastalandığın zaman tedâvi olmak için her doktorun kapısını çalarsın. Vücudundaki ağrılara, ameliyata ve ilâcın acılığına sabredersin de kalbinin hastalığı olan günahlara niçin aynı şeyleri yapmazsın.

Biz,

Rahmet ve hikmetinin kemâli gereği, kötülüğün Allah Teâlâ'ya nisbet edilemeyeceğine inanırız.

Nitekim Nebi -sallallahu aleyhi ve sellem- bu konuda şöyle buyurmuştur:

"Kötülük (şer), sana nisbet edilemez (Allahım)**."**[1]

Hatta Allah Teâlâ'nın takdir ettiği hükümde bile kesinlikle şer yoktur. Çünkü bu hüküm, O'nun rahmet ve hikmetinden sâdır olmuştur.

Şer, Allah'ın takdir ettiği şeylerin neticesinde olur.

Nitekim Nebi -sallallahu aleyhi ve sellem- torunu Hasan'a Kunut duâsını öğretirken şöyle buyurmuştur:

"(Allahım! Hakkımda) **verdiğin hükmünün şerrinden beni koru."**

Bu hadiste olduğu gibi şerri, Allah Teâlâ'ya değil de, O'nun takdir ettiği şeye izâfe etmiştir. Bununla birlikte şer, her zaman takdir edilen şeylerle birlikte şer değildir. Bir taraftan şer ise, diğer taraftan hayır olabilir veya bir yönden şer ise, başka bir yönden hayır olabilir.

Örneğin yeryüzünde kuraklık, hastalık, fakirlik ve korku gibi durumların ortaya çıkmasıyla düzenin bozulması, bir yönden şer ise, diğer yönden hayırdır.

Nitekim Allah Teâlâ bu konuda şöyle buyurmuştur:

$$﴿ ظَهَرَ ٱلْفَسَادُ فِي ٱلْبَرِّ وَٱلْبَحْرِ بِمَا كَسَبَتْ أَيْدِى ٱلنَّاسِ لِيُذِيقَهُم بَعْضَ ٱلَّذِى عَمِلُواْ لَعَلَّهُمْ يَرْجِعُونَ ﴾ [سورة الروم الآية: ٤١]$$

---

[1] Müslim

"İnsanların kendi elleriyle işledikleri (günahlar) yüzünden karada ve denizde (kuraklık ve hastalıklar yaygınlaştığı için) düzen bozuldu. Allah, (yaptıkları) bazı amellerine karşılık onları cezâlandırır. Umulur ki onlar tevbe ederek Allah'a dönerler."[1]

(Had cezâsı uygulanarak) hırsızın elinin kesilmesi ya da zinâ eden evli erkek veya kadının taşlanarak öldürülmesi, eli kesilen veya öldürülen kimseye göre şerdir.Fakat diğer taraftan her ikisi için de hayırdır. Çünkü had cezâsının uygulanması, ikisinin günahlarına keffâret olur. Onlara aynı anda hem dünya, hem de âhiret azabı uygulanamaz. Diğer taraftan had cezâsının uygulanmasıyla birlikte mallar, ırzlar ve nesiller korunmuş olur ki, bu da fert ve toplum için hayır sayılır.

---

[1] Rûm Sûresi:41

7. BÖLÜM

Büyük esâsları içeren bu büyük inanç, inananlarına birçok önemli faydalar sağlamaktadır.

Allah'a, O'nun isim ve sıfatlarına îmânın faydaları:

Allah Teâlâ'ya, O'nun güzel isimlerine ve yüce sıfatlarına inanmak; emirlerini yerine getirmenin ve yasaklarından da sakınmanın gereği olarak bir kula Allah sevgisi ve O'nu yüceltme duygusu verir. Allah Teâlâ'nın emirlerini yerine getirip yasaklarından da kaçınmak, fert ve topluma dünya ve âhiret saadetini sağlar.

Nitekim Allah Teâlâ bu konuda şöyle buyurmuştur:

$$ ﴿ مَنْ عَمِلَ صَالِحًا مِّن ذَكَرٍ أَوْ أُنثَىٰ وَهُوَ مُؤْمِنٌ فَلَنُحْيِيَنَّهُ حَيَوٰةً طَيِّبَةً وَلَنَجْزِيَنَّهُمْ أَجْرَهُم بِأَحْسَنِ مَا كَانُواْ يَعْمَلُونَ ﴾ [سورة النحل الآية: ٩٧] $$

"Kim, erkek veya kadın olsun (Allah'a ve elçisine) îmân etmiş olarak sâlih amel işlerse, ona mutlu bir hayat yaşatırız. (Dünyada) yaptıklarına karşılık olarak da (âhirette) onların mükâfatlarını en güzel şekilde veririz."[1]

Meleklere îmânın faydaları:

1. Cinleri ve insanları yaratanın azametini, kuvvet ve hükümrânlığını bilmeyi sağlar.

2. Kullarına verdiği değerden dolayı Allah Teâlâ'ya gereği gibi şükretmeyi sağlar. Öyle ki Allah Teâlâ, kullarını korumak, amellerini yazmak ve onların menfaati için meleklerini görevlendirmiştir.

3.Allah Teâlâ'ya en güzel şekilde ibâdet ettiklerinden ve mü'minlerin bağışlanması için Allah Teâlâ'dan istiğfarda bulunmalarından dolayı melekleri sevmeyi sağlar.

---

[1] Nahl Sûresi:97

Kitaplara îmân etmenin faydaları:

1. Allah Teâlâ'nın kullarına olan rahmeti ve verdiği değeri bilmeyi sağlar. Öyle ki Allah Teâlâ, doğru yolu bulsunlar diye her topluluğa bir kitap göndermiştir.

2.Hikmetinin tecellisi olarak Allah Teâlâ bu kitaplarda her ümmet için uygun olanı dîn kılmıştır. Bu kitapların sonuncusu Kur'ân-ı Kerîm, her zaman ve mekân için olup, kıyâmete kadar bütün yaratılmışlar için en uygun olan kitaptır.

3. Allah Teâlâ'nın bu konudaki nimetine şükretmeyi sağlar.

Elçilere îmân etmenin faydaları:

1. Allah Teâlâ'nın kullarına olan rahmetini ve verdiği değeri bilmeyi sağlar. Öyle ki Allah Teâlâ, insanlara doğru yolu göstermek ve onları bu doğru yola çağırmak için her topluluğa bir elçi göndermiştir.

2. Allah Teâlâ'nın bu büyük nimetine şükretmeyi sağlar.

3. Elçileri sevmeyi, onlara gereği gibi saygı göster-meyi ve onları lâyık oldukları şekilde övmeyi sağlar. Çünkü onlar, Allah Teâlâ'nın elçileri ve seçkin kullarıdır. Elçiler, Allah Teâlâ'ya ibâdet eden, O'nun elçilik görevini tebliğ eden, Allah Teâlâ'nın kullarına nasihat eden ve bu uğurda onların eziyetlerine sabreden kimselerdir.

Âhiret gününe îmân etmenin faydaları:

1. Âhiret gününün sevabını ümit ederek Allah Teâlâ'ya ibâdet etmeyi ve o günün azabından korkarak günah işlemekten kaçınmayı teşvik eder.

2. Dünya nimetlerini ümit edip de elde edemeyen mü'minleri, âhiret nimetlerini ve oranın sevabını elde edecek olmalarıyla teselli eder.

Kadere îmân etmenin faydaları:

1. Bir işi yaparken sebeplere sarılma konusunda Allah Teâlâ'ya güvenmeyi sağlar. Çünkü hem fiil, hem de onun neticesi Allah Teâlâ'nın kazâ ve kaderiyle olmaktadır.

2. Buna inanan bir nefis hem rahata kavuşur, hem de kalbi mutmain olur. Çünkü olanın Allah Teâlâ'nın kazâ ve kaderiyle olduğunu ve bu istenmeyen durumun kaçınılmaz olduğunu bildiğinde, nefsi rahata kavuşur, kalbi mutmain olur, Rabbinin hükmüne râzı olur. Kadere inanan kimseden daha güzel hayat yaşayan, nefsi daha rahat ve kalbi daha mutmain olan hiç kimse yoktur.

3. Kadere îmân, arzulanan şey elde edildiği zaman insanın kendini beğenmişlikten kurtulmasını sağlar. Çünkü Allah Teâlâ'nın takdir ettiği sebeplerden olan hayır ve başarının gerçekleşmesi, bir nimettir. Bunun için bu nimete karşılık Allah Teâlâ'ya şükreder ve kendini beğenmişliği terk eder.

4. İstenen şeyin elde edilememesi veya istenmeyen bir şeyin vukû bulması halinde stresten ve sıkıntıdan kurtulmasını sağlar. Çünkü bu, göklerin ve yerin mülkü elinde olan Allah Teâlâ'nın kazâsı ile olmuştur. Bunun vukû bulması kaçınılmazdır. Dolayısıyla bu duruma sabreder ve sevâbını Allah Teâlâ'dan ümit eder.

Nitekim Allah Teâlâ bu konuya işaret ederek şöyle buyurmuştur:

$$ \text{﴿ مَآ أَصَابَ مِن مُّصِيبَةٍ فِي ٱلْأَرْضِ وَلَا فِي أَنفُسِكُمْ إِلَّا فِي كِتَٰبٍ مِّن قَبْلِ أَن نَّبْرَأَهَآ إِنَّ ذَٰلِكَ عَلَى ٱللَّهِ يَسِيرٌ ۝ لِّكَيْلَا تَأْسَوْا۟ عَلَىٰ مَا فَاتَكُمْ وَلَا تَفْرَحُوا۟ بِمَآ ءَاتَىٰكُمْ وَٱللَّهُ لَا يُحِبُّ كُلَّ مُخْتَالٍ فَخُورٍ ۝ ﴾} $$

[سورة الحديد: ٢٢-٢٣]

"(Ey insanlar!) Yeryüzünde olan ve sizin de başınıza gelen (hastalık ve açlık gibi) hiçbir şey yoktur ki, biz (nefisleri) yaratmadan önce onları bir kitapta (Levh-i Mahfûz) yazmış olmayalım. Şüphesiz bu, Allah'a göre kolaydır. Elde edemediğinize üzülmemeniz ve Allah'ın size bahşettiği nimetlerle böbürlenmemeniz için (Allah size bunu açıklamaktadır). Çünkü Allah (dünyada kendisine verilen nimetlerle başkasına) büyüklük taslayan kimseleri asla sevmez."[1]

---

[1] Hadîd Sûresi:22-23

Allah Teâlâ'dan, bizi bu inanç üzere sâbit kılmasını, bu inancın faydalarını gerçekleştirmeyi bize nasip etmesini, bize lütuf ve ihsânından vermesini, hidâyetten sonra kalplerimizi îmândan kaydırmamasını ve bize rahmetini lütfetmesini dileriz.

Şüphesiz ki O, kullarına karşılıksız ve bol verendir. Hamd, Âlemlerin Rabbi olan Allah'adır.

Allah Teâlâ, nebimiz Muhammed -sallallahu aleyhi ve sellem-'e, O'nun ailesine, ashâbına ve onlara en güzel bir şekilde tâbi olanlara salât ve selâm eylesin.

www.ingramcontent.com/pod-product-compliance
Lightning Source LLC
Chambersburg PA
CBHW061047050726
47592CB00004B/1618